U0112886

"寻找中国制造隐形冠军丛书"编委会

主　任

　　陆燕荪　国家制造强国建设战略咨询委员会委员

副主任

　　屈贤明　国家制造强国建设战略咨询委员会委员
　　　　　　高端装备制造业协会合作联盟专家指导委员会主任

委　员（按姓氏笔画排序）

　　王玲玲　史文军　戎之勤　吕亚臣　杨松岩　邱明杰

　　张　英　张彦敏　陆大明　陈　曦　陈良财　陈鸣波

　　武　鹏　苗怀忠　郑锦荣　侯宝森　秦　伟　徐　静

　　唐　波　黄　鹏　崔人元　薛　林　魏志强

XUNZHAO

ZHONGGUO ZHIZAO

YINXING

GUANJUN

国家制造强国建设战略咨询委员会 指导

寻找中国制造隐形冠军丛书编委会 编

魏志强 秦 伟 主编

上海卷 Ⅱ

寻找
中国制造
Hidden Champion
隐形冠军

人民出版社

《寻找中国制造隐形冠军》（上海卷 Ⅱ）编委会

主　任

　　陈鸣波　上海市人民政府副秘书长

　　　　　　上海市经济和信息化委员会主任

副主任

　　戎之勤　上海市经济和信息化委员会副主任

　　张　英　上海市经济和信息化委员会总工程师

　　史文军　上海市经济和信息化委员会副巡视员

　　　　　　上海市经济和信息化发展研究中心主任

　　王玲玲　高端装备制造业协会合作联盟专家指导委员会秘书长

委　员（按姓氏笔画排序）

　　卫丙戊　马怡靖　王志琴　王理群　史文录　刘　平

　　李宇宏　时炳臣　张宏韬　陈　曦　陈斐斐　武　鹏

　　郑晓东　赵　一　俞　彦　秦　伟　曹晴晴　崔人元

　　葛东波　蒋志文　智　强　焦建全　雷新军　黎光寿

总序一

党的十九大报告指出："建设现代化经济体系，必须把发展经济的着力点放在实体经济上，把提高供给体系质量作为主攻方向，显著增强我国经济质量优势。"制造业是实体经济的主体，也是提高供给体系质量和效率的主战场。为此，党中央、国务院强调，加快建设制造强国，促进我国制造业迈向全球价值链中高端。

经过新中国成立60多年特别是改革开放40年的发展，我国制造业总体实力迈上了新台阶。2010年以来，我国制造业增加值连续7年超过美国，稳居全球制造业第一大国的地位。在世界500种主要工业品中，我国有220多种产品的产量居世界第一。载人航天、大型飞机、北斗卫星导航、超级计算机、高铁装备、百万千瓦级发电设备等一批重大技术装备取得突破，形成了若干具有国际竞争力的优势产业和一批国际知名企业。毫无疑问，我国已经成为具有重要影响力的制造业大国。

然而，在看到成绩的同时，我们还要清醒地认识到，我国制造业与国际先进水平相比还有差距，这些差距表现出来的是整机或最终产品的差距，但其背后反映出来的却是基础和关键零部件（元器件）、材料、工艺等整个制造业基础薄弱的问题。因此，加快建设制造强国，首先要充分认识到加强制造业基础建设和关键核心技术创新能力的重要性和紧迫性。

解决制造业基础薄弱的问题要以企业为主体，要特别注重发挥民营企业的作用。2018 年 11 月 1 日，习近平总书记在民营企业座谈会上指出："长期以来，广大民营企业家以敢为人先的创新意识、锲而不舍的奋斗精神，组织带领千百万劳动者奋发努力、艰苦创业、不断创新。我国经济发展能够创造中国奇迹，民营经济功不可没！"在我国制造业比较发达地区，我们发现了一大批企业家，特别是民营企业家，敏锐地认识到发展基础工业的重要性及市场之所急，投入大量资金，长期专注于一个细分领域，取得了令人振奋的成绩。这些企业生产的产品不是整机，也不是终端消费品，而是对整机、终端产品的质量和竞争力有重要影响的核心零部件（元器件）、新材料、软件等。这些产品都是为整机、主机配套的中间产品，所以，生产这些产品的企业虽然在产业链中居于关键环节，甚至核心地位，但却不为大众所周知，可谓"隐形冠军"。在我国的长三角、珠三角等沿海发达地区，不少国内的隐形冠军企业已经发展成为市场的领导者，目前正在积极地"走出去"，努力向全球隐形冠军迈进。这些隐形冠军企业的奋斗历程和成功经验对于我国建设制造强国有重要的参考价值。

　　我们编辑出版"寻找中国制造隐形冠军丛书"，就是要通过对制造业隐形冠军典型案例的深入调研，梳理和总结隐形冠军企业的奋斗历程、成功经验和发展模式，为解决我国制造业基础薄弱问题提供可供参考的路径和方法，从而进一步完善我国制造业产业链，促进我国制造业高质量发展。

　　中国要迈向制造强国，需要充分发挥市场和政府的作用，统筹利用好各方面优良资源，坚定发展制造业的信心毫不动摇，从而形成全国关注制造业、重视制造业、发展制造业的良好氛围。希望社会各界关注和支持"寻找中国制造隐形冠军丛书"的出版，支持我国制造业隐形冠军的发展。让我们携手共同努力，为加快建设制造强国而努力奋斗！

2018 年 11 月 1 日

总序二

隐形冠军这个概念源自德国赫尔曼·西蒙（Hermann Simon）教授写的一本书，就是《隐形冠军：未来全球化的先锋》。这本书的中文版出版发行后，隐形冠军这个词很快就在中国流行开来。但很多人并不明白隐形冠军是什么意思，也不清楚隐形冠军在制造业中的地位和作用，所以，我们有必要首先搞清楚它的含义。

西蒙教授这本书的书名很耐人寻味，他把隐形冠军称作"未来全球化的先锋"。西蒙教授认为，经济全球化是人类社会发展的大趋势。他说："世界经济共同体是我对未来的称呼。"与大企业相比较，隐形冠军虽然企业规模不是那么大，但在西蒙教授的眼中，隐形冠军却是人类走向世界经济共同体的先锋。从西蒙教授的书中我们能够看到，德国这个世界制造强国，就是由隐形冠军企业铸就的。

为了准确地理解隐形冠军这个概念，我们用一个实际例子来说明其内涵。以菲尼克斯公司为例，这个公司生产的产品主要是配电柜里的接线端子，它生产的接线端子技术领先，质量可靠。一般人都知道西门子、ABB、施耐德这些世界著名的品牌，但并不知道它们所用的配电柜里的接线端子全部由菲尼克斯提供，像菲尼克斯这样的企业就是隐形冠军。为什么说它是"隐形"？因为它生产的产品不是整机，也就是说，不是一个独立的终端产品，只是产业链上某一个关键环节，从这个意义上来说，我们称其为"隐形"。隐形冠军在全球制造业现代化的进程中，即我们现在讲的数字化、网络化、智能化的进程中，在每条产业链里，它的地位绝对不可忽视。因为一个企业不可能什么都做，最终产品实际上都是组装起来的。关于这个问题，在"纪念沈鸿同志诞辰110周年"时，我写了《沈鸿质量思想对新时期机械工业质量工作的指导意义》一文，其中介绍了我国著名机械工程专家、原机械工业部副部长沈鸿同志在1979年2月23日写的文章《关于什么是先进机械产品的探讨》。沈老部长在他的文章中画了一张圆圈图，从品种、质量、成套、服务四个方面对"先进的机械产品"进行了界定和形象的描述。"先进的机械产品"就是从这个圈里出来的，最后形成的成套设备才是生产力。人们通常都知道市场上成套设备的品牌，但在成套设备整个产业链的一些重要环节所用的关键零部件却不为人知，它们隐形于整机之中，生产这些产品的企业我们称之为隐形冠军。

在中国，我们一定要注重制造业的全产业链发展，不能有薄弱环节，产业链中的领头企业和配套企业之间的关系不是单纯的买卖关系，而是一种协同创新的伙伴关系。如山东临工，它把专供其零配件的供应商叫作黄金供应商，山东临工帮助这些企业研发产品，而这些企业也就不再为其他厂家供货，成了山东临工的专门供应商。

从一条产业链来看，配套厂产品质量的可靠性必须达到主机厂信任的程度才可以。那么，配套厂怎样才能向主机厂证明其产品的可靠性呢？那就是配套厂的质量保证体系健全，产品一定要经过试验、认证，才能出厂。在这方面，沈老部长的思想非常重要，他认为，"可靠性是机械产品最主要的质量特征之一，一切产品都要通过试验方可出厂。"中国制造强国战略强调了产业质量技术基础的战略作用，而标准、计量、检测、试验、认证等是其主要技术支撑体系。

人们买东西通常是倾向于购买品牌产品，这是品牌效应的结果，但是如果真正追究其背后的原因，一个品牌还是要包括许多质量指标的。这些指标的建立，就是建立标准，而标准是要统一的。我们现在有很多国家标准、行业标准，但事实上这些标准只是低水平的准入门槛。作为行业领袖的隐形冠军，一般都有远高于国标和行标的自己企业的标准。

比如，有一次我到北京 ABB 公司调研，在现场我询问陪同人员，质量指标究竟到了什么样的标准。这位陪同人员说，他们的标准完全符合中国国家标准和行业标准。我说我不是这意思，我是要问企业的标准。他就生产线上开关的例子回答了我的问题。他说，这个产品的指标，国标要求保证开断 1 万次无故障，但他们公司的控制指标是 3 万次，因此零部件的标准也都大大提高。我们现在要求产品符合国家标准，其实这是低标准，缺乏竞争力。我参加过很多国家标准、行业标准的制定，大家都讨价还价，最后标准的水平只能符合大多数的意见。所以，现在标准改革提倡企业标准，以树立企业品牌。

再如，在三峡工程中，我负责三峡工程机电设备的质量，三峡公司的制造质量标准，包括铸锻件质量标准，都远远高于同类国际标准，形成了我们自己的一套标准，现在外国公司给三峡公司提供产品都要遵从这套标准，三峡公司后来把它列为采购标准，现在又上升为电器行业协会的协会标准。这一系列的指标或标准，作为隐形冠军企业都应该具备。现在，中国制造强国战略的实施战略之一——强基工程就是要解决这个问题。

菲尼克斯是个典型隐形冠军企业，他们写了一部书，名字叫《面向中国制造2025的智造观》。他们把"制造"改为"智造"，其中包括数字化、网络化，特别强调精益生产。把精益生产纳入智能制造环节很重要，很多企业忽略了这一点，只强调信息化是不够的。现在也有人提出精益化思维，我觉得生产和思维是不同的。精益生产是"Lean Production"的翻译词，我们要理解原词的含义。麻省理工学院教授写的《改造世界的机器》一书，对精益生产作了详细的阐述。它是从汽车行业推行的"准时化生产（JIS）"发展而形成的生产运行模式。汽车是大批量、流水线生产，在生产环节上不允许有多余的零件存放，它的目标是零库存，当然实际上很难做到，但是要尽量减少库存量，加快资金周转，以提高经济效益。菲尼克斯把精益生产纳入智能制造的内容，很值得研究、推广。

在制造业发达国家都有一个产业转移的现象，但我们看到，发达国家的产业转移是对产业链都做了详细规划的，他们转移的是中低端企业，而产业的整体链条还是在发达国家手中掌握。在这种情况下，中国企业可以收购外国企业，但是它的核心技术并未转移出本国。这也迫使中国企业要想高质量发展就必须要靠自己，必须要加强自主创新。现在，我们国家也正在经历产业转移这个过程，所以，我们也要有一个像发达国家那样的规划，这个规划的关键包括了如何支持隐形冠军企业真正实现国产化的目标。做这样的规划要以企业为主体，但也要发挥政府的作用。

我们现在对大企业了解得多一些，对于隐形冠军，尤其是各地区的隐形冠军了解得还不是那么清楚。不清楚隐形冠军，实际上就是不清楚我们的产业链和世界制造强国比还有什么样的差距，也说不清楚我们的产业在世界上究竟处于什么样的水平。孙子兵法说"知己知彼，百战不殆"。我们编辑出版这套丛书，就是要搞清楚我国隐形冠军的状况，从而使我们能够制定出一套有效的产业政策，以促进隐形冠军的发展，加速"强基工程"的实施，实现中国制造由大变强。

从我们的现实情况来看，一个地区隐形冠军的培育和发展，离不开地方政府的支持。比如，在产业政策、经济金融等方面都需要地方政府制定出有利于隐形冠军企业发展的长效机制。再如，有些研发项目需要持续5年、8年，甚至10年，民营企业很难承受这种投资大、周期长、利润低的项目，这就需要政府的支持。中国最近提出要建立国家实验室，这对于建立长效创新机制有重大作用。

习近平总书记指出："制造业特别是装备制造业高质量发展是我国经济高质量发展的重中之重，是一个现代化大国必不可少的。"打造具有国际竞争力的制造业，是我国建设现代化强国的必由之路。今天，制造业的全球激烈竞争已不单是一个个企业的单打独斗，而是产业链的竞争，一个行业领军企业只是"冰山一角"，需要无数的供应商或协作方（包括服务类组织）等"隐形冠军"来支持和保障。中国制造要走出去，走全球化之路，必须打造我们完整的供应链和创新共同体，形成整体竞争优势。拥有这一整体竞争优势的前提，就是看我们能否培育和发展出一批隐形冠军企业。

因此，在这里我们呼吁社会各界支持中国隐形冠军的发展，支持"寻找中国制造隐形冠军丛书"的出版工作。"寻找中国制造隐形冠军丛书"将分行业卷和区域卷出版。希望各行业协会、地方政府能够对隐形冠军企业和这套丛书的编辑工作给予大力支持！

陆燕荪

2018 年 10 月

目　录

序　言……………………………………………………………………………… 001

前　言……………………………………………………………………………… 001

第一篇　上重铸锻：重装上阵 ………………………………………… 焦建全 001

第二篇　上海汽轮机厂：自主创新　面向未来 ……… 黎光寿　吴瑞馨 012

第三篇　海立股份：海阔高樯立　风正一帆行 ………………… 崔人元 025

第四篇　上海机床厂：工匠精神成就磨床领军者 ……………… 王志琴 040

第五篇　拓璞数控：最高梦想 ………………………………………… 焦建全 053

第六篇　上工申贝：轻工老品牌涅槃重生 …………………………… 陈　曦 065

第七篇　上汽变速器：在变革中创造辉煌 ………………………… 王志琴 076

第八篇　保隆科技：让更多人受益于汽车科技发展 ……… 秦　伟 088

第九篇　大郡控制：以应用创新领先世界 ………… 时炳臣　秦　伟 104

第十篇　东风专用件：小公司大作为 ……………… 黎光寿　廖　羽 116

第十一篇　人本集团：一路踏歌一路行 …………………… 杨红英 127

第十二篇　新时达：用技术改变一个行业 ………………… 陈　曦 136

第十三篇　置信电气：变革中的进步 …………………… 刘志昊 147

第十四篇　上海沪工："稳"字当头成就行业龙头 ……… 秦　伟 158

第十五篇　诺玛液压：为中国液压只争朝夕 …………… 杨红英 168

第十六篇　联泰科技：打开 3D 打印新维度 …………… 秦　伟 177

第十七篇　汉瑞普泽：让拆包投料环节更清洁 ……黎光寿　廖　羽 191

第十八篇　凯盛机器人：创新成就行业王者 …………… 秦　伟 203

序　言

隐形冠军的缘起

隐形冠军是一个定义企业的流行词，源于德国赫尔曼·西蒙（Hermann Simon）教授所著的《隐形冠军：未来全球化的先锋》一书。在这本书中，西蒙提出了隐形冠军企业的三个标准：

1. 世界前三强的公司；

2. 营业额低于 50 亿欧元；

3. 不是众所周知。

满足这三个标准的企业，西蒙称之为隐形冠军。第一个标准标志着隐形冠军的市场地位，是指在一个细分市场中隐形冠军所占的市场份额。第二个标准是一个动态标准，2005 年时，西蒙曾把它确定为 30 亿欧元。第三个标准是指不为大众即消费者所周知。隐形冠军虽然在某个细分市场中为客户所熟知，但因它生产的是工业品、原材料等，不是终端消费品，所以，一般不为大众即消费者所周知。

西蒙认为，隐形冠军战略有两大支柱：第一个支柱是集中和深度。隐形冠军一般都在一个细分市场里长期精耕细作，并强调服务的深度。由于隐形冠军的业务都是集中在某个领域，所以，国内市场有限，这就产生了隐形冠军战略的另一个支柱，就是市场营销的全球化。因此，隐形冠军是"未来全球化的先锋"。

西蒙关于隐形冠军的思想对中国有比较大的影响，例如，2016年我国发布的《制造业单项冠军企业培育提升专项行动实施方案》（以下简称《方案》），这里所说的单项冠军实际上就类似于西蒙定义的隐形冠军。

《方案》提出，制造业单项冠军企业是指长期专注于制造业某些特定细分产品市场，生产技术或工艺国际领先，单项产品市场占有率位居全球前列的企业。有专家指出："制造业单项冠军企业包含两方面内涵：一是单项，企业必须专注于目标市场，长期在相关领域精耕细作；二是冠军，要求企业应在相关细分领域中拥有冠军级的市场地位和技术实力。从这个意义上讲，单项冠军与德国赫尔曼·西蒙教授提出的'隐形冠军'概念是十分类似的。"

《方案》强调，制造业单项冠军企业是制造业创新发展的基石，实施制造业单项冠军企业培育提升专项行动，有利于贯彻落实国家制造强国战略，突破制造业关键重点领域，促进制造业迈向中高端，为实现制造强国战略目标提供有力支撑；有利于在全球范围内整合资源，占据全球产业链主导地位，提升制造业国际竞争力。

寻找中国制造的隐形冠军

我们在策划这套丛书时，首先碰到的问题就是如何界定和选择中国制造的隐形冠军。何谓"隐形"，隐在何处？何谓"冠军"，冠在哪里？在这些方面，我们吸收了《方案》和西蒙教授的思想，但也有不同。

一提起隐形冠军，很多人常常把它归结到单纯的制造领域，实则不然。"那种认为德语区的企业只是在机器制造领域保持技术领先的观点是错误的。我们在消费品和服务领域里，同样可以找到相当数量的说德语的世界市场的领导者。"西蒙说，"有超过2/3的隐形冠军（确切地说是69%）活跃在工业领域。1/5的隐形冠军涉及消费类产品，另有1/9属于服务业。"显然，西蒙认为，隐形冠军在机器制造、消费品和服务业三大领域。

隐形冠军不单单在机器制造领域，但西蒙说的三大领域也还有待细化和拓展。例如，服务业应主要指生产性服务业，消费品领域应指那些为终端产品提供配料、配件、原材料等的企业。因此，隐形冠军应主要在工业品、消费品、生产性服务业、原材料四个领域。隐形冠军生产的产品通常是"隐形"于终端产品或消费品之中的中间品，或生产工具（装备）、原材料，它是成就终端产品和消费品品牌不可或缺的关键因素。

在"冠军"的甄选方面，考虑到我们寻找的是中国制造隐形冠军，所以，除了排名世界前三的隐形冠军，本丛书还选入了一些在某一个细分市场居于中国前三的企业，或者有可能培育成为隐形冠军的企业。在市场地位方面，本丛书更强调隐形冠军对市场的引领和带动作用。

隐形冠军企业的成功模式和发展战略

我们在隐形冠军的调研中，发现中国的隐形冠军与德国的隐形冠军有诸多不同，它们有自己独特的成功模式和发展战略。

首先，中国的隐形冠军都在探索适合自己发展的企业组织形式。德国隐形冠军主要是家族企业，很多有百年以上的历史。中国的隐形冠军绝大多数产生在改革开放之后，没有德国隐形冠军的悠久历史，要想追赶上制造强国的隐形冠军，在企业组织形式上就不能拘泥于家族企业，而是要选择更适合自己发展的企业组织形式。例如，在嘉兴调研时，我们发现，很多隐形冠军就是从家族企业转变成为上市公司的，一些没上市的隐形冠军也在筹划上市；在通用机械行业调研时，我们发现，很多隐形冠军是国有企业；在厦门调研时，我们发现，由于受惠于经济特区的特殊政策，厦门的隐形冠军不少是与台湾企业合资的企业。而在上海调研时，我们又发现，上海的隐形冠军除了有民营企业、国有企业，还有很大一部分是"海归"创建的企业。这些实际情况说明，家族企业并不是隐形冠军可选择的唯一组织形式，中国隐形冠军根据实际情况确定适合自己的企业组织形式，这是正确的选择。

其次，中国的隐形冠军有自己对创新的理解。创新是从国外引进的概念，在英语世界里，科学成果叫发现，技术进步叫发明，企业研发、生产、经营管理的成果才叫创新。创新是一种企业满足市场需求的商业行为。我们调研的隐形冠军说明，企业的创新确实都是有商业价值的创新，都是为了更好地满足客户需求的创新。例如，本丛书嘉兴卷中的京马电机，它的创新是集中在产品性能的提高上，强调产品效率、温升、噪声、振动、功率等指标的不断改进。这里面的每一项创新都和产品有关，都和市场需求有关，都和企业的盈亏有关，这一点不同于科学发现和技术发明。又如，本丛书通用机械卷中沈鼓集团生产的往复式压缩机和中核科技生产的主蒸汽隔离阀，前者是引进消化吸收再创新的经典之作，后者是突破国外技术封锁实现自主设计和制造的标志性产品，两者都打破了国外对中国市场的垄断。还有本丛书厦门卷宏发生产的继电器、创业人的品牌创新，以及上海卷的联影科技生产的高端医疗设备、中微生产的刻蚀机等，都是在深入了解市场需求的基础上不断创新并实现商业价值的结果。这些案例说明，企业创新不同于科学发现，也不同于非商业组织没有商业目的的技术发明。因此，准确地把握发现、发明、创新这些基本概念，科学家才能专注于发现，技术专家才能专注于发明，企业家才能专注于创新，隐形冠军才能做好自己的产品和企业。

再次，中国的隐形冠军在全球化中平衡自己的发展战略。在全球化过程中很多人看到的是"世界是平的"，例如，托马斯·弗里德曼出版的专著《世界是平的》。他看到的是遍布世界的麦当劳、星巴克、好莱坞电影以及在谷歌上网等。但也有与他不同的观点认为，世界不完全是平的，它有国界、文化差异、价值观冲突等。这说明世界还没有那么平。隐形冠军应在这样一个全球化过程中找到标准化和差异化的平衡。本丛书嘉兴卷的闻泰科技是一家全球最大的手机原始设计制造商（ODM），它有自己出方案的业务，也有代工业务，前者需要差异化，后者需要标准化。闻泰科技对差异化和标准化业务发展有比较好的平衡。由此引申出另外一个问题，就是市场地位如何体现？是按标准化去做量（规模），还是按差异化去满足个性化需求？这也是对隐形冠军的挑战。关于这一点，我们赞同西蒙的观点，即隐形冠军的市场地位更应从引领市场理解，不能仅仅从企业规模来认定。引领市场的维度包括确定方向、制定标准、超越客户等。本书的中微是半导体和芯片装备国产化的先锋，它在行业发展、自主创新、制定标准等方面对市场都有引领作用。

还有，我们发现中国制造隐形冠军有明显的区域集群发展的特征。例如，在长三角、珠三角的一些城市就有集中产生隐形冠军的现象，形成了一个个隐形冠军区域集群。这不同于产业集群，它的产业关联性并不像产业集群那样大，有的甚至没什么关联性。他们除了在某个细分市场有举足轻重的地位之外，对地方经济发展也有引领和带动作用。为什么这些区域能产生隐形冠军企业集群？我们发现，主要是企业家精神和工匠精神使然。这种现象给我们留下了一个需要继续探究的问题，那就是他们的企业家精神和工匠精神是怎么培育出来的？

随着本丛书工作在更多城市和行业的展开，我们将进一步丰富有关中国制造隐形冠军成功模式和发展战略的研究成果。

中国制造需要更多的隐形冠军

根据西蒙的统计，全球隐形冠军企业共 2734 个，其中德国有 1307 个，几乎占了一半，中国只有 68 家，远低于德国。从每百万居民的隐形冠军数量看，德国为 16，中国仅为 0.1，与德国的差距更大。

隐形冠军是决定一国制造业是否强大的基石。从拥有隐形冠军企业的数量上来看，中国要实现制造强国战略还任重道远。不过由于中国正处于隐形冠军发展的初期阶段，西蒙预测，"可以想象，中国的隐形冠军数量将在未来 10—20 年里大幅增加。"

国家制造强国战略提出，到 2025 年中国要进入世界制造强国方阵，制造业达到德国和日本的水平。但从隐形冠军这项关键指标来看，中国制造整体赶超德国和日本制造的任务还是非常之重。

不过，如果我们把隐形冠军所在领域像西蒙那样从机器制造领域拓展开来，把它确定在工业品、消费品、原材料、服务业四大领域，到了 2025 年，或许我们就会有理由更加乐观一些。本丛书嘉兴卷选入 26 个隐形冠军、厦门卷选入 26 个隐形冠军、通用机械卷选入 24 个隐形冠军，上海卷选入 60 个隐形冠军（其中上海卷 I 在电子信息行业选入 24 个隐形冠军，上海卷 II 在机械行业选入 18 个隐形冠军，上海卷 III 在新材料、节能环保、医疗设备等行业选入 18 个隐形冠军）。在中国，除上海外，像厦门、嘉兴那样的城市，甚至比厦门、嘉兴制造业更发达的城市还有很多，这些城市会孕育出更多的隐形冠军。从行业的角度来看，隐形冠军遍布各行各业，仅就装备制造业而言，其产品就分为 7 个大类，185 个小类，这里面的隐形冠军还有待于深入挖掘。

党的十九大报告指出："中国特色社会主义进入新时代，我国社会主要矛盾已经转化为人民日益增长的美好生活需要和不平衡不充分的发展之间的矛盾。"毫无疑问，隐形冠军是解决中国经济发展"不平衡不充分"问题的主要力量，我们需要更多地培育隐形冠军。

本丛书的编写和出版

"寻找中国制造隐形冠军丛书"的编写工作始于 2017 年的春季，我们计划用四至五年的时间完成 30 卷的编写工作。本丛书按区域和行业寻找中国制造隐形冠军，每一卷选入 25 家左右隐形冠军企业。

　　到目前为止，这套丛书除了上海卷，嘉兴卷、厦门卷、通用机械卷也已经面世。

　　作者在《寻找中国制造隐形冠军》（上海卷）的调研和写作中，得到了上海市经济和信息化委员会的大力支持，在此我们对上海市经济和信息化委员会深表谢意！

　　我们还要感谢人民出版社通识分社对"寻找中国制造隐形冠军丛书"出版工作的支持，同时向付出辛勤劳动的编辑和其他工作人员致以深深的谢意！

　　这套丛书每一卷都是由工业专家和记者在对企业进行深入调研和采访的基础上，由记者执笔而完成的。我们想要做到既有新闻写作的通俗易懂，又有专业写作的深度。但因时间仓促、水平有限，难免有不足之处，敬乞读者不吝指教。

"寻找中国制造隐形冠军丛书"写作组

2019 年 1 月 1 日

前　言

在建设卓越的全球城市过程中，上海制造作为上海四大品牌之一扮演着至关重要的角色。在形成以行业龙头企业为主导的产业发展格局的同时，上海的中小企业特别是隐形冠军企业也应得到充分重视。这些企业不仅展现了行业细分领域的市场竞争力，在创新发展、解决就业、经济建设以及完善产业价值链搭建等方面也有突出表现，成为上海经济转型和结构调整的重要力量。因此，研究和促进上海隐形冠军企业发展，具有重大的现实价值和战略意义。

一、追求卓越的价值取向，上海制造"再出发"

（一）上海制造发展的历史演进

上海制造具有辉煌的历史，在我国的工业体系和国民经济中扮演着重要的角色并始终发挥积极的影响，新中国成立至今的半个多世纪，上海制造业经历了四个发展演变阶段，可被归纳为恢复性调整阶段、适应性调整阶段、战略性调整阶段和创新性调整阶段。具体而言：

第一阶段，改革开放前的恢复性调整阶段。上海自近代起就是我国工业的中心，新中国成立后，为了适应人民生活水平提高和大规模经济建设需要，上海改变了以轻工业为主的结构，从"一五"计划开始优先发展重工业。特别是在1956年至1965年间，上海曾先后对民族工业进行三次大规模改造，"裁、并、改、合"生产能力过大的纺织、卷烟、制笔等轻纺工业，从无到有地建立电子、自动化仪表、航天、航空、汽车、石化等新的工业部门或企业。截至1978年，上海全市工业总产值达到207亿元，占全国的1/8；利税总额占全国的1/6。近200项工业产品产量位居全国第一位，70多项工业产品赶上或接近当时的国际先进水平。一大批全国知名品牌代表了上海制造是经典和优质的象征，例如全国年轻人结婚时梦寐以求的"三转一响"，永久牌自行车、蝴蝶牌缝纫机、上海牌手表和红灯牌收音机，代表着上海工业产品的质量和水平。

第二阶段，20世纪80年代以来的适应性调整阶段。为了适应我国经济体制改革并积极建设现代化社会主义市场经济，上海制造业作出相应调整，有针对性地选择了汽车、钢铁、石化、家电等17个重点行业进行培育，特别是积极推动国家重点工业项目建设，包括：1985年宝钢总厂一期工程投产、1978年动工；70年代启动建设上海金山石化，80年代建设二期工程，1985年完工，1987年建设三期工程，90年代建设四期工程；1984年成立上海大众汽车有限公司等。此外，上海为了适应我国对外开放政策，还积极发展轻纺产品，引导工业生产面向国际市场。

第三阶段，20世纪90年代以来的战略性调整阶段。在此时期，我国加大对外开放力度，上海抓住了浦东开发开放的机遇，大力引进外资，同时响应国家产业发展号召，积极培育支柱产业，集中资源发展汽车、电子通讯设备、电站成套设备、石油化工及精细化工、钢铁、家用电器六大产业。至 2000 年，这六大产业占全市工业总产值比重已经从 1994 年的 38.6% 迅速提升至 50.4%。此外，上海为实现"一个龙头、三个中心"战略目标，优化产业结构调整，提出"三二一"的产业发展方针，即大力发展第三产业，积极调整第二产业，稳定提高第一产业，进而实现了上海产业与制造发展的新格局，促进了国民经济持续、健康、快速发展。

第四阶段，21 世纪以来的创新性调整阶段。21 世纪以来，上海工业在我国加入 WTO 并推行创新型国家发展战略的背景下，实施调整了创新发展战略。确立了新的支柱工业，包括汽车、电子信息、成套设备、石油化工及精细化工、精品钢材、生物医药。积极建设东西南北产业基地，包括上海国际汽车城（2001 年）、上海化工区（2002 年）、临港装备产业基地（2003 年）、长兴岛船舶和海工基地（2003 年）。在创新性战略调整阶段，上海工业迸发出蓬勃的生命力，无论在产量产值、技术水平还是国内外影响力上均表现卓越，实现了跨越式发展。上海工业从 1987 年产值的 1000 亿元发展到 2003 年突破 1 万亿元用了 16 年，而从 1 万亿元到 2 万亿元用了 4 年，从 2 万亿元到 3 万亿元仅用了 3 年。

（二）上海制造的未来发展趋势

在新一轮科技革命推动下，全球制造业和产业格局面临重大变革和调整，未来上海制造须向技术更先进、制造更智能、产品更高端、品牌更响亮的方向建设，加快建设全球卓越制造基地，为上海迈向卓越的全球城市提供实力支撑。目标是在未来三年，初步建成世界级新兴产业发展策源地之一，初步建成若干世界级先进制造业集群，初步建成世界级制造品牌汇聚地。重点是围绕高质量发展要求，大力发展高端制造、品质制造、智能制造、绿色制造和高复杂高精密高集成制造，发挥上海制造在现代化产业体系建设中的支撑作用。

基于内外部条件、发展阶段等，打响上海制造品牌是上海落实国家战略、建设卓越全球城市的具体实践，其中企业尤其是隐形冠军企业是主力军。所谓"隐形冠军企业"，是指高度专注细分行业，具有显著竞争优势和创新能力，可持续稳定经营，业绩优良，市场占有率占据国内乃至国际前列，在细分行业具有领导地位的企业。"隐形"是指企业规模不一定很大，大部分仍然是中小企业，在大众视野知名度不一定很高；而"冠军"，则指在细分行业、在国内乃至全球市场具有绝对影响力和领导地位。近年来，在上海传统行业的中小企业饱受压力的同时，在一些细分领域逐渐涌现出一批隐形冠军企业，不仅构成了上海市场一道亮丽的风景线，引领了上海中小企业的发展，更成为潜在的拉动上海制造实现创新转型、塑造可持续竞争力的重要引擎，对于上海制造下一阶段发展目标的实现具有积极意义。

二、"隐形冠军"企业已成为上海创新发展的主力军

顾名思义，上海的隐形冠军企业产生于中小企业中间，近年来，上海中小企业已经成为上海企业的重要构成。截至 2017 年，上海中小企业合计 43.54 万户，占全市法人企业总数的 99.54%；

吸纳就业 833.61 万人，占全市法人企业从业人员总数的 73.95%；实现营业收入 11.95 万亿元，占全市法人企业总额的 60.84%。占本市企业总数 99% 以上的中小企业，贡献了近 50% 的税收，实现了 60% 以上的企业营业收入，创造了 70% 的企业发明专利，提供了近 80% 的就业岗位，为上海经济社会发展作出了重要贡献。与此同时，以"专精特新"企业为代表的中小企业孕育了大量的隐形冠军企业和潜在的冠军企业，已成为上海创新发展的主力军。

（一）上海隐形冠军企业的竞争力分析

当前，上海隐形冠军企业多集中在电子智能产品、设备制造、软件与信息服务、医疗卫生和技术服务等领域，其中诸多企业已经成为国家级、亚洲级乃至世界级的细分领域"小巨人"，在市场占有率上名列前茅。同时，上海隐形冠军企业在当前表现为总体盈利水平良好，企业人均产能大，社会贡献度高等特征。数据统计显示，2015—2017 年三年有效期内高新技术企业总数达到 7642 家。2017 年高新技术企业实现工业总产值 1.25 万亿元、营业收入 2.34 万亿元、利润总额 2110 亿元、实际上缴税费 1130 亿元，其中主营业务收入、工业总产值均达到规上企业的 1/3 以上。上海制造业隐形冠军企业综合竞争实力强，无论是在技术创新、国际化发展等方面，都体现了上海当前以及潜在的隐形冠军企业的市场竞争力，具体而言：

一是重视创新投入，不断加快创新步伐。近年来，上海"专精特新"企业研发投入力度不断加大。目前，全市 1665 家"专精特新"中小企业中有 227 家企业设立了国家、市级企业技术中心或院士工作站；有 515 家企业研发投入比例达到或超过 10%，远高于全市 4% 左右的平均水平。同时，创新的国际化开放程度增强。在政府向企业推送技术信息、帮助企业获取国际前沿技术、支持企业建立院士工作站和企业技术中心等政策支持下，中小企业创新投入的产出效应逐步显现。从高新技术企业的研发专利成果来看，发明专利申请量、发明专利授权量及 PCT 国际专利申请量分别达到 28504 件、12365 件、718 件，占本市总量的 52.17%、52.13%、34.19%。

二是注重品牌建设，国际影响力日益增强。近年来，上海"专精特新"企业中涌现出一批中国驰名商标、上海市著名商标、上海市名牌产品等品牌企业或产品，企业的品牌影响不断增强。同时，"专精特新"企业参与国际展览或会谈的频次明显增加，企业品牌的国际影响力和推广力也与日俱增。此外，不少"专精特新"企业通过与跨国企业合作，积极参与国际市场的竞争，提升企业国际市场的品牌影响力。

三是坚持国际化对标，打造高质量创业团队。上海作为改革开放的重要试验区，在扩大对外开放和构建国际化影响力方面有着丰富的经验。特别是在引进和培育高质量海归创业团队方面，围绕生物医药、电子信息等行业领域，实现了行业领军人才引领的国际跨国企业的集聚式发展。例如，"张江药谷"集聚了一大批海归企业家的创业团队，通过建立国际化创新体系，已经成为具有全球影响力的生物医药产业的全球研发中心。

四是重视建立标准，积极抢占领域制高点。上海市"专精特新"企业普遍重视技术创新和产品创新，并以同类同行国际企业为标杆，强化技术超越，抢占所属细分领域的国际技术制高点，提升企业产品创新技术的国际引领力。

（二）上海隐形冠军企业的发展路径

上海隐形冠军的形成发展，依托于上海市在服务体系、营商环境、资本对接与政策支持上的一系列积极引导和扶植，也归功于这些企业在细分领域上的长期专注，在品牌、研发能力、营销体系等方面的差异化经营，以及在独特的核心竞争力上的打造。这些企业有一定的共性发展路径，具体而言：

其一，坚守主业，精耕细作，走出传统产业转型升级的新路。隐形冠军企业的基本素质，就是高度专注于产业中的某一细分领域甚至是其中的核心业务。对于一些上海隐形冠军企业，即便是在产业发展潜力相对有限的传统产业，因为这些企业多来年的坚持、磨炼和改进，其建成了具有专业化生产、服务和协作配套的能力，最终使得产品品质和技术含量遥遥领先于同行，进而在传统产业中脱颖而出。

其二，创新驱动，高端定位，成为新兴行业细分领域龙头企业。上海隐形冠军企业多重视开展技术创新、管理创新和商业模式创新，通过行业的交叉融合提供高端的产品或服务，积极抢占新兴行业细分领域的龙头地位，采用创新性、独特性的工艺、技术、配方或原料进行研制生产，使其产品和服务在市场竞争中率先形成了壁垒较高的核心竞争力，获得了竞争优势。

其三，转型升级，与时俱进，实现健康可持续发展。作专注于解决产业关键技术以及提供专业化、高质量的产品和服务的企业，上海隐形冠军企业的崛起与产业发展动向密切相关。诸多上海隐形冠军企业的形成正是因其积极拥抱新一轮产业革命，重点把握智能制造、大数据、互联网等的机遇，调整技术结构和产品结构，迎合了市场与产业发展的需求，从而逐步实现了产业的转型升级和健康可持续发展。

其四，专业服务，做深市场，不断拓展新的空间。隐形冠军企业虽然立足于细分领域，但不代表其所从事的领域狭窄。把细分领域做深、做透，特别是将产品与服务相结合，以其主营业务为立足点，延展出一系列的新市场、新需求和新空间，是诸多上海隐形冠军企业的发展路径。

（三）上海隐形冠军企业的发展趋势

当前，上海的中小企业特别是"专精新特"企业中已经孕育了越来越多细分领域的国家级乃至世界级的"小巨人"，全市培育的1665家"专精特新"企业中，市场占有率居全球前五或国内第一、具备一定规模的企业有219家。其中，在国际细分市场占有率进入前三位的企业有30家。这些"隐形冠军"企业主要分布在智能制造、生物医药、高端装备、精密制造等领域，其主营产品占营业收入比重普遍在65%以上。由此可见，鼓励和促进更多的成长性中小企业做大做强做优，成为行业细分领域的"隐形冠军"和"独角兽"企业，让更多"小企业"干出"大事业"，是激发上海经济活力和竞争力的一条重要的可行性途径。就目前来看，其发展趋势如下：

一是围绕上海重点行业的聚焦发展态势明显。近年来，上海中小企业整体发展步伐加快，其中上海重点发展的精品化工、汽车、医药、信息、金融等产业领域的中小企业更为迅速，其产值占比不断提升。例如，在电子信息领域，上海集聚了上海微电子装备、澜起科技、韦尔半导体等一大批优秀中小企业，为上海集成电路、电子信息装备制造等产业的发展作出了巨大贡献。

二是重点领域中小企业国际化发展步伐加快。近年来，在深化改革开放、全面接轨国际、加快企业"走出去"的大背景下，上海中小企业国际化步伐不断加快。一方面，中小企业产品出口规模稳步增长。尽管国际市场需求相对低迷，国内出口增长乏力，但上海中小企业产品出口交货值总体保持增长，重点领域增长较快。另一方面，中小企业跨国投资与并购的步伐加快。不少中小企业通过积极与央企合作，推动混合所有制经济发展，参与对外投资；部分中小企业采用跨国并购等模式，实现企业跨国经营的技术战略和市场战略。

三是中小企业专业化和高端化发展势头加快。一方面，在体现专业技术水平的产业领域，中小企业发展迅猛，成为行业发展的重要支撑。2017年，上海信息传输、软件和信息技术服务业，金融业，租赁服务业，科研及技术服务业等产业领域，中小企业数保持较快增长，均占所在行业企业总数比重99%以上。另一方面，中小企业加快了高端产品的研发与生产，涌现出一批具有世界领先水平的高端产品。

四是中小企业新兴化和特色化发展势头明显。一方面，在大力推进"大众创业、万众创新"的大背景下，新业态、新模式、新经济、新产业加快涌现，促进了上海中小企业数量的稳定增加。2017年，上海净增中小企业数10121户，其中微型企业数量增长加快。另一方面，存量中小企业加快发展模式、经营业务、企业产品的创新转型，实现特色化发展。

三、上海在培育隐形冠军企业过程中的举措

在实践中，我们发现隐形冠军企业不同于多元化经营的大型企

业。大型企业多呈持续性发展，而对于隐形冠军企业来说，重大革新、进入新市场或一次新收购都可能意味着收入的大幅提高。同时，破坏性技术发展则可能会给隐形冠军带来严重风险。为此，上海通过落实"三大工程""两大计划"和若干政策支持，针对隐形冠军企业成长中的三大关键环节"技术革新期、市场扩展期和成熟期"，分别采取针对性的扶持和服务措施，助力企业跨越创新死亡谷和经营瓶颈期，保持市场份额稳定增长，成长为各行业的市场冠军。

（一）扎实推进三大工程

1. 工业强基工程：强化和提升工业基础能力

近年来，上海加快推进产业结构调整，促进产业经济的转型升级，产业结构和工业体系不断得到提升和优化。2016年，上海启动和实施工业强基工程，积极推进工业强基战略的研究工作，落实和推进工业强基的战略性工程，旨在突破过去长期"卡脖子"、高度依赖进口的"四基"核心技术，从而实现企业自主创新能力日益提升，建立完善的工业技术基础体系。

上海工业强基工程是一项长期性、战略性、系统性的工作。上海市经济和信息化发展研究中心通过联合中国工程院共同开展上海工业强基工程课题研究，为政策出台和项目的落实工作奠定了坚实基础。在具体落实方面，政府部门主要从以下三个方面作为工作抓手，系统、全面地推进和落实全市工业强基工程工作。一是搭建平台，联动资源协同创新。工业强基工程一定是在市场经济规律的前提下有序推进的。政府、企业、高校及科研院所等所有的社会资源，只有在发挥好各自职能的基础上功能协同化，才能实现利益最大化。政府通过搭建资源联动平台，为企业、高校、金融机构等搭桥牵线，打破各种资源之间的信息壁垒，通过资源的协同联动，有序推进工业强基工程。例如，通过围绕先进增材制造装备、抗体药物、微创伤腹腔镜手术机器人、核电焊接、高效节能配电变压器及国产非晶合金带材等领域组织开展工业强基强链补链"一条龙"行动计划，把产业链上核心技术研发、工艺提升、技术应用及产业化的资源协同联动。二是点式打穿，集中力量攻破难关。从全国层面来看，工业基础需要补课的短板和难点还有很多，上海无一例外。如何避免有限财政资金"撒胡椒面"式的支持方式，充分发挥好政府资本的效用，成为当前考虑的首要问题。无论是目前的三年行动计划，还是未来五年及十年的战略布局，都是需要在每一个痛点上下功夫，持之以恒。上海在系统性推进工业强基工程过程中，有意识地缩小年度支持范围，每年计划支持领域不超过五个，通过加大单个项目的支持力度，每年滚动式增加总盘子资金量，并且针对痛点难点的项目实行跟踪式管理和支持，经过三年、五年及十年的支持，最终实现点上打穿的效果。三是梯度推进，有序落实强基计划。根据三年落实、五年推进、十年布局的战略安排，上海制定了梯度推进工业强基工程的行动计划，进一步加强现有基础优势领域，集中力量攻破亟待解决的难点和瓶颈，提前布局未来战略性科技和领域。一方面，通过建立工业强基项目储备库，在长期调研的基础上梳理一批优质项目，跟踪项目进度情况，适时纳入年度强基工程支持计划。另一方面，建立强基工程人才储备库，重点支持以人才团队为引领的强基项目。同时，充分利用好现有的产业配套政策，实现政策支持的联动效应。通过近两年的大力支持和培育，上海在工业基础领域已经涌现出了一大批优质新生企业，也培育了一大批制造业领域的隐形冠军企业，为对高端先进制造业的发展起到了强有力的支撑作用。

2.科技"小巨人"企业培育工程：着力于打造细分行业中的隐形冠军

打造具有全球影响力的科技创新中心，是习近平总书记对上海发展提出的目标和要求。上海科技型企业具有高成长性和自主创新性的特点，随着市场经济体系的不断升级，技术创新不断进步，原有的各类服务和支撑已难以完全满足新形势下上海中小企业的创新创业和迅速成长的需求。为此，上海在2006年开始前瞻性地布局实施科技小巨人工程，通过政策性精准扶持，有效引导社会创新资源向小巨人企业聚焦，旨在打造创新型、成长型、规模型的细分行业隐形冠军。

上海在实施科技小巨人企业培育工程过程中，更加注重企业的"质量"而非"数量"，通过政策点对点的精准扶持，提升企业的创新能力和发展能级。一是明确支持和服务的目标对象。从企业生命周期层面确定政策适用对象，扶持处于企业生命周期的成长阶段，且未上市的创新科技型中小企业，这一阶段的企业已穿越成长的"死亡峡谷"，但容易遇到融资能力不强、人才吸引力不够、管理水平欠缺等瓶颈。科技小巨人工程可以助力企业在高新技术细分行业获取"领头羊"地位。二是着力于打造一批高新技术细分行业的"隐形冠军"。更加注重扶持企业的质量，专注于提升中小企业特色的核心竞争力，以创新型、规模型和示范型为主要导向，甄选细分市场潜在领军者，通过鼓励企业的特色创新，营造良好的创新氛围。让那些初始规模可能不如大型企业，但其在所属领域不论是技术、品牌、市场占有率都位居前列的科技型中小企业，能引领众多的中小企业的发展，在完善创新生态方面发挥重要的示范作用。不以大幅度的资助为着力点，而是通过优选的甄别机制为企业背书，从而引导社会的创新资源向小巨人企业聚焦。三是创新服务管理机制。政府的扶持通常是从供给端出发，给予相应的财政补贴和税收优惠，往往忽略创新过程以及创新效果的跟踪与评估，对创新是否符合市场和社会的需求重视不够，即忽略了创新需求侧的拉动效应。小巨人工程变事前补助为事前立项、事后补助，通过完善的后期验收评估流程，保障工程实施的效果。四是更注重对小巨人企业创新能力和体系的提升。通过政府购买服务来促进企业的创新活动，将创新的主体真正还于企业，重点解决企业在创新中遇到的融资难、服务支撑少、人才吸引力不够等核心问题，提升企业整体的创新能力。

3.“专精特新”企业培育工程：培育中小企业创新发展的领头雁

在上海加快创新转型，深化对外开放的背景下，上海中小企业已成为上海经济发展的重要支撑，并立足于上海，面向全国，放眼世界，加快创新转型和价值链延伸，通过专业化、高端化、新兴化和特色化的发展之路，不断提升发展质量效益，不断增强发展后劲动力。“专精特新”企业培育工程是上海推进中小企业创新发展的一项抓手性工作，自 2011 年启动以来，上海“专精特新”企业数量已达 1665 家，培育了一大批专注核心业务、掌握自主知识产权、拥有独特工艺技术、具备竞争优势的高成长性企业，最终的目标和宗旨就是培育中小企业创新发展的领头雁，打造制造业细分领域的真正隐形冠军。

七年来，上海“专精特新”企业培育工程从顶层规划设计到构建全方位的服务体系，努力营造“专精特新”发展氛围，不断加大

"专精特新"企业服务力度，充分发挥市场主体作用，真正打造一片适合中小企业生存发展和创新提升的土壤和空间。一是积极营造"专精特新"发展氛围。2011 年起，我们通过顶层设计、政策聚焦、企业培训、媒体宣传等多种手段，广泛推行"专精特新"发展理念，宣传"专精特新"企业及产品（服务），并联合相关部门制定了《关于加快促进"专精特新"中小企业创新驱动、转型发展的意见》和《上海市发展"专精特新"中小企业三年行动计划（2015—2017)》等指导性政策文件，营造中小企业走"专精特新"发展之路的氛围，"专精特新"成为越来越多中小企业的共识。二是建立全方位的企业服务体系。通过加强市区联动机制效应，建立覆盖全域的"1+17+X+N"中小企业社会化服务体系，搭建了中小企业互动服务平台，开设了中小企业服务热线，协调区县、街镇（园区）和各类社会化服务机构为"专精特新"企业服务，形成了一张"纵向到底、横向到边"的服务网络，为"专精特新"企业解决发展各阶段和经营管理各方面遇到的问题。三是充分发挥政策叠加优势。上海市中小企业发展专项资金不断加大对"专精特新"企业的支持，充分利用好现有的专项资金支持，企业技术改造项目优先支持"专精特新"企业提升产品和技术等级。四是着力解决"专精特新"企业融资困难。积极推进交行、招商、兴业、上海银行等多家银行开发"专精特新"企业信用贷款产品。通过政府部门与银行机构共建"小额票据贴现中心"，解决"专精特新"企业小额票据贴现难问题。通过举办企业改制上市培训活动，支持"专精特新"抓住"战略新兴板"机遇，在多层次资本市场挂牌上市。五是大胆创新"专精特新"企业合作平台。积极推动土地、市场、人脉、资本等各类资源要素在"专精特新"企业平台上共享或重新组合，拓展"专精特新"

企业的市场和发展领域。鼓励企业家们自发组建"专精特新企业家联谊会"，着力打造一个自我管理、自主发展的生态系统，创新企业之间的合作方式。目前已组建了绿色建筑、智能制造、绿色食品和绿色消费品四个专业委员会，促进会员企业在产业链上进行深层次合作。

（二）有效落实两大计划

1. 中小企业上市培育计划：培育制造业隐形冠军企业的潜力股

上海具有健全的市场机制和良好的企业营商环境，特别是在金融资本方面具备得天独厚的优势条件。为充分发挥金融资本对制造业发展的支撑作用，上海提出了中小企业改制上市培育计划，通过政府服务的创新，让金融资本与中小企业的资本需求实现了完美对接。2018年，本市新增境内外上市企业34家，募集资金415亿元。其中，A股市场新增上市企业9家，募集资金83亿元，与北京并列全国第四，目前全市共有A股上市公司283家，累计募集资金2664亿元，另有3家已过会待发行上市；新增境外主要资本市场上市企业25家，募集资金332亿元；新增"新三板"挂牌企业42家，累计挂牌企业916家。建立拟上市企业培育库，入库企业达2278家，其中，16家报证监会，115家报上海证监局。积极做好推出科创板及试点注册制的对接工作，梳理挖掘后备企业。目前本市"上市一批、辅导一批、培育一批"的格局进一步巩固。

在充分发挥市场主体机制作用前提下，政府需要敢于突破和创新服务模式，做好各种资源对接的桥梁纽带作用。在推进产业与金融对接过程中，上海市政府通过选择符合国家和市产业政策、成长性良好且有上市意愿的中小企业作为重点培育对象，争取通过系统性服务和配套政策支持，增强中小企业对现代企业制度和资本市场的认识，使一批中小企业治理结构进一步完善，规范运作水平明显提高，成长性明显增强，改制和上市进程明显加快。一方面开展培训工作，做好优质拟上市企业后备资源的挖掘和培育。通过创办"评选上海最具投资潜力 50 佳创业企业"和"上海市百家中小企业改制培育系列培训"等系列活动，深入挖掘出一批投资潜力企业，帮助和引导企业拓宽直接融资视野、树立上市目标。同时，针对拟上市企业所处阶段的个性化需求，提供针对性的咨询和服务，解决企业上市过程中的实际问题。另一方面完善服务机制，搭建资源平台。建立协同联动的工作机制，搭建跨区域、跨部门的工作交流、问题沟通互动平台，为企业的改制上市提供良好的政策环境和有力的服务保障。

2. 云上企业服务计划：面向企业打造政策集成服务

为有效解决企业对政府政策理解不清、有问题投诉无门等一些长期制约企业发展的"老大难"问题，帮助企业享受一门式政策和服务，推动产业政策落实落地，改变政策落实和效果评估的部门内部循环现象，有效提高政府服务效能，上海市经济和信息化委员会贯彻落实党中央提出的"放管服"改革要求，将企业服务平台作为优化营商环境的重要抓手，充分利用"互联网＋政务服务"技术体系，在全市层面建立市区联动、服务便捷的企业服务平台。一是线上与线下融合，打破"服务孤岛"。企业服务平台线上搭建"上海市企业服务云"网站，线下建设"上海市企业服务中心"，线上与线下融合。充分发挥各区服务企业的主体作用，推动服务重心下沉，集聚市、区两级政府的政策、公共服务及社会机构的专业资源，使全市真正形成服务合力，建立企业服务"一张网"。二是兜底式服务，覆盖全口径企业。企业服务平台的服务范围涵盖在沪央企、地方国企、民营企业、外资企业全所有制企业，大、中、小、微、个体工商户全规模企业群体，企业初创、成长、壮大、衰退的全生命周期。在市级层面上，协调解决影响各区企业发展的瓶颈和共性问题；在区级层面上，发挥各区贴近企业的优势，主动解决企业困难，打通企业服务"最后一公里"。三是全过程跟踪，跨部门协同联动。通过建立全过程的跟踪督办机制，形成诉求受理、分派、解决、评估的服务闭环，确保"事事有反馈、件件有落实"。加强营商环境评估，推动市场主体参与营商环境建设，补齐企业服务短板。推动政府服务的跨界协作，打通企业诉求的处理链，构建企业服务的无缝对接网络。鼓励各区、各部门利用企业服务平台，跨区、跨部门研究解决企业实际困难。

（三）精准施策服务对接

近年来，上海坚持"稳中求进"的总基调，深化落实供给侧结构性改革要求，稳步推进"中国制造2025"上海行动纲要和"十三五"规划政策文件的落地实施，通过出台相关配套的支持政策，保障上海制造业稳步发展。

1.金融政策支持：近年来，上海加快推进金融服务与实体经济的融合发展，通过政府引导性产业基金、融资担保等方式推动产业的创新转型。2017年，上海启动了制造业转型升级基金，并引导社会基金资本有序投入，在人工智能、工业互联网、传感器及物联网、新材料、航空航天、智能网联汽车、军民融合等领域，加大对制造业企业特别是中小企业的资金支持力度。在基金管理方面，充分发挥市场机制作用，积极引入社会资本管理服务模式，探索政府产业引导与市场化投资相结合的母基金直投策略。同时，完善基金管理制度化，提前做好风险防控工作，实现政府基金管理专业化、效率化。另一方面，积极探索金融服务模式创新，组织国家开发银行、产业基金、保险等金融机构，将其纳入产业链的协作环节中。例如，组建大型政策性担保机构，完善市区政策性融资担保体系，探索搭建"投、贷、担"联动平台，推进银企合作风险分担，组织国开行为中小企业提供低息贷款等。又如，率先设立"小额票据贴现中心"，平均单张票面金额仅30万元，解决小微企业集中反映的小额票据贴现难问题，等等。

2.产业政策支持：为巩固提升实体经济能级，提升实体经济质量和核心竞争力，上海市政府出台了《关于创新驱动发展　巩固实体经济能级的若干意见》，以供给侧结构性改革为主线，提出了上海制造业未来五年战略性新兴产业制造业产值占全市工业总产值比重达到35%左右的发展目标，进一步明确了上海制造业未来发展的路径和方向。同时，为了全力打响"上海制造"品牌，打造全球卓越制造基地，上海市出台了《全力打响"上海制造"品牌　加快迈向全球卓越制造基地三年行动计划（2018—2020）》的指导性文件，通过对标国际最高标准、最好水平，以推进供给侧结构性改革为主线，以迈向全球产业链、价值链高端为目标，提出了全面实施"四名六创"的行动计划，引导上海制造业向高端化、品质化、融合化、协同化方向发展。

上海市经济和信息化委员会

2019 年 1 月 8 日

第一篇
上重铸锻：重装上阵

焦建全

"高铁列车车头不是我们生产的，但是生产高铁列车车头的挤压机的核心部件是我们生产的。"上海电气上重铸锻有限公司（以下简称"上重铸锻"）副总经理、教授级高级工程师凌进告诉记者。

上重铸锻是一个 2015 年底注册的新企业，然而，它的前身历史却很厚重，我国重型装备工业里程碑式的第一台万吨水压机（以下简称"万吨水压机"）就诞生在这里，在初中物理课本中"液体的压强"中有关章节就有讲述，给我国亿万中学生理解"压强"留下深刻印象，它的主要作用是锻打大型锻件。

大型铸锻件是一个国家重大技术装备和重大工程建设所必需的关键基础部件，其制造能力和水平直接决定着一个国家装备工业的制造能力和整体水平。

上重铸锻是我国著名大型铸锻件制造基地，它承担着火力发电设备、制粉设备、冶金轧钢机械、锻压设备、船用曲轴、核电主设备等大型铸锻件的生产和技术研究重任，不断为中国的发电、冶

金、锻压等行业填补空白，提供了重型装备用大型铸锻件，创造了一项又一项的"中国第一"和"世界第一"。

凌进说，他大学毕业后到上海重型机器厂（以下简称"上重厂"），亲历了上重厂30多年的发展和变化，目睹了万吨水压机的大修和新的油压机的上马，见证了上重厂到上重铸锻的重大变化，也见证了中国重型装备行业的发展、挫折、新生和辉煌。

辉煌荣光

上重铸锻是上重厂重组后的重要载体之一。上重厂在重工业界赫赫有名，其国内重工设备市场主要竞争对手有：中国第一重型机械集团有限公司、中国第二重型机械集团有限公司、大连重工起重集团有限公司、北方重工集团有限公司、太原重型机械集团有限公司、中信重型机械公司等。上重厂是重型机械领先企业。

而上海重型机器厂的前身是始建于 1934 年的大鑫钢铁厂，1958 年在上海闵行黄浦江北岸建立新厂，1962 年 3 月启用"上海重型机器厂"厂名（简称为"上重厂"）。

中国第一台万吨自由锻造水压机就诞生于上重厂。1962 年 6 月 22 日，是中国工业史上一个值得纪念的日子——我国自行设计制造的 1.2 万吨自由锻造水压机建成并正式投产。16.7 米高的水压机像一个钢铁巨人，炉门缓缓升起，炽热的钢锭送进去，在巨大的压力下，顺利地完成了拔长、镦粗、切断等操作工序。全场人员掌声雷动，见证了万吨水压机的神奇威力，无不感到震撼。

万吨水压机的孕育是在 1958 年 5 月。当时，中共八大二次会议在北京举行。时任煤炭工业部副部长的沈鸿写信给毛泽东主席，建议在上海制造一台万吨水压机，当时世界上只有少数国家拥有万吨级水压机，国内只有第一重型机器厂有一台 6 千吨水压机。毛泽东非常赞同，将此信印发大会代表，决定由上海制造万吨水压机，并由沈鸿负责这项工程。

沈鸿任总设计师，清华大学机械专业毕业的林宗棠任副总设计师兼设计组组长，江南造船厂的技术骨干徐希文任设计组副组长，技术人员主要来自江南造船厂，上海重型机器厂等几十个工厂协作参与。

万吨水压机的大部件需要用特大型的锻件和铸钢制作，仅 4 根大立柱，每根长 18 米，粗 1 米，重 80 吨。在万吨水压机制造过程中，党和国家领导人自始至终给予了大力支持和热情鼓励。周恩来总理多次询问工程进展情况，刘少奇主席和朱德委员长曾亲临现场视察。

1961 年 12 月 11 日，万吨水压机开始总安装，4 万多个大小零件运到宽敞的厂房。1962 年 5 月，万吨水压机安装临近尾声，但因受"三年困难时期"的影响，这个工程一度被列入"停缓建项目"。后来在周恩来总理亲自过问下，才终于完成了整体安装，于是，便有了 1962 年 6 月 22 日的正式投产。

万吨水压机作为新中国第一台国产大机器，不但标志着新中国重型机器制造业步入了新的发展阶段，而且体现了技术人员和中国工人发愤图强的精神，增强了中国人的民族自信心，也提升了中国的国际形象。

按照最初的设计使用年限，万吨水压机每隔 10 年需要一次大维修，然而，第一个 10 年过去了，万吨水压机没有大修；第二个 10 年过去了，万吨水压机依然没有大修。万吨水压机即便已经伤痕累累，却仍然在我国秦山一期核电厂建设中发挥了重大作用。

秦山一期核电厂是我国自行设计、建造和运营管理的第一座 30 万千瓦压水堆核电厂，1983 年破土动工，1991 年 12 月 15 日首次实现并网发电，成为当时中国大陆投产的唯一的整套核电机组，是中国和平利用核能的又一重大突破，使我国成为世界上第七个能自行设计、建造核电厂的国家。

万吨水压机也迎来新生。"一直到 1991 年，"凌进告诉记者，"万吨水压机才迎来第一次大修和改造，没记错的话，费用大概一共 160 万元。"时任上海市委书记、市长朱镕基对此事非常支持。

2010 年，万吨水压机经过第二次大修改造，跟原来设计的外形是完全一样的，然而进行了整体提升，"一是有了数字化显示，二是能够像游戏操作手柄一样操作，"凌进说，"操作精度也由原来的 50 毫米提升到 5 毫米；改造中把原来拼焊起来的横梁、立柱等大型构件换成整体铸、锻件结构，对操作系统进行了升级改造。"

"2009 年又安装投产了一台 1.65 万吨的油压机，当时是世界最大的。时任上海市委书记俞正声亲自主持了开锤仪式。因为做 60 万千瓦、90 万千瓦、100 万千瓦核电机组，以及第三代核电就是 135 万千瓦、145 万千瓦核电机组，1.2 万吨水压机的能量尺寸就不够了，所以才上了 1.65 万吨的油压机。从秦山一期核电厂开始，对于我国自主设计的民用核电，上重铸锻都提供了相应的锻件。"凌进自豪地说。

四大锻件

在上重铸锻大型铸锻件研究所副所长张智峰的带领下，记者参观了万吨水压机和万吨油压机。

从上重铸锻传统的办公楼出来，步行 10 分钟左右，就能看到上重铸锻大约 10 层楼高的高大车间，车间不算新，外面个别地方甚至有些破旧。然而在这个车间里面，就是举世闻名的万吨水压机和油压机。

走进车间大门，就看到万吨水压机。改造后的水压机整体呈浅绿色，略显陈旧，有五六层住宅楼那么高。四根巨大的立柱支撑着整个庞大身躯，顶端是一个类似汽车的天然气罐，只不过体积巨大。横罐下方是两个巨大的横梁，横梁长约 10 米，上面一个横梁正面有三排大字，分别是"上海，江南造船厂，1961 年"。水压机没有在工作状态，像一个饱经沧桑的老人静静地注视着来参观的人群。

水压机的东边不远处就是 1.65 万吨的油压机。颜色与水压机一样，没有横罐，只有一个金黄色的传输管，上边横梁有"上海电气"四个黑色大字和上海电气的图形商标，旁边有两个竖立的黄黑相间的、包裹着传输管的材料，像是油压机的花边。

恰好它在工作状态。只见操作机夹着一块巨大的钢锭，钢锭的一端通体通红，站在 10 米外就感受到它逼人的热浪，操作机缓缓地将钢锭送到油压机下面的操作空间，油压机的下边横梁缓缓向下移动，毫不费力地将通红的钢锭压得变了形，随着油压机几次上下移动和操作机对钢锭的翻转，钢锭的一端很快被压得比原来小了好几圈。

张智峰告诉记者，他们所看到的是核电大钢锭，上重铸锻生产等级从 200 吨级提升到 500 吨级，用十年的时间走过了世界领先企业数十年的发展历程，生产能力处于世界一流水平。

核电用大型铸锻件、大型船用曲轴锻件、电站转子、冶金支撑辊曾是上重铸锻重点发展的四大锻件。

核电用大型铸锻件是重中之重。上重铸锻已经掌握"二代加"和三代核电压力容器、蒸发器、堆内构件成套大锻件制造技术，具有技术优势，具体包括核电压力容器、蒸发器、堆内构件、稳压器、主管道大锻件制造技术，以及四代备选堆型高温气冷堆压力容器、堆内构件成套大锻件制造技术。2012 年就实现了 AP1000 核电主设备整套锻件的国产化突破，还有 200MW 高温气冷堆压力容器、核电堆内构件锻件实现世界首台（套）供货。核电堆内构件锻件填补了国内空白，完全替代进口锻件，占据了国内 100% 市场份额。记者在车间看到了封头类锻件、筒体类锻件、管板类锻件等核电锻件。张智峰说，这些锻件一般直径超过 5 米，最大的超过 6 米。

三代核电蒸发器上封头的制造具有很高难度，它是一种由多个不同类型的结构体组合而成的零件，其大圆弧过渡面及内、外椭球面的加工是该零件的加工难点。上重铸锻在桃花江核电站及海阳核电站项目中都已成功制作并交货封头锻件。此外，上重铸锻还针对大型先进压水堆、高温气冷堆核电站所需的超大型铸锻件，开发出超大型高纯净度钢锭冶炼技术、超大直径封头拉深成形技术、异型封头旋转碾压成形技术、特厚锻件激冷淬火技术的关键大型锻件制造技术，使我国在核电用锻件制造技术方面达到国际先进水平，部分锻件产品指标超过国外。

电站转子也是上重铸锻的重要产品。电站转子是各类火电、核电项目中的核心部件，上重铸锻为众多火电机组提供了汽轮机转子和发电机转子，并且能够提供"西气东输"设备中的电机转子。此外，上重铸锻还生产汽轮机的汽缸、阀壳等各种大型铸件。

冶金支承辊是现代轧机中的重要部件，它的作用是承受由工作辊或中间辊传递过来的轧制负荷，减少工作辊的弯曲变形，从而提高板厚精度和板形质量。上重铸锻开发出我国钢铁厂急需的系列材质的冷、热轧机用的大型支承辊，逐步实现轧机特大支承辊国产化，为中国冶金工业发展作出重大贡献。

大型船用曲轴锻件是上重铸锻另一款拳头产品。大型船用曲轴锻件是大功率低速柴油机的核心部件，因其制造技术精度高，性能要求严格，工艺复杂等，其能否自主研制代表着国家造船工业的水平。上重厂于2005年成功制造第一根大型船用曲轴，改变了我国船用曲轴依赖进口的历史，也扭转了造船行业"船等机、机等轴"的局面。此外，上重铸锻还生产了出口丹麦的集装箱船挂舵臂和世界最大船用吊钩。

张智峰告诉记者，四大锻件不仅是上重铸锻的四大拳头产品，也是我国急需的大型铸锻件品，上重铸锻四大锻件发展的每一步都需要全体科技人员和一线人员的改进和创新。

自主创新

挤压机核心部件、大型船用曲轴等许多大型铸锻件是一个国家所必需的关键基础部件，因此，只能通过自主开发实现自主创新。

"上重铸锻挑战中国基础工业的极限能力"，张智峰这样一句话道出了上重铸锻自主创新的实况。

中国第一台万吨水压机就是自主创新的产物，而中国后来一系列万吨以上的水（油）压机，很多都是在上重铸锻等企业帮助下制造出来的，上重铸锻的四大铸锻等很多产品都填补了国内空白。

不仅如此，上重铸锻还为下游厂商大大降低了成本。"有一种核电压紧弹簧，原来国外厂商卖到每吨六七十万元，我们做出来后，国外厂商的价格就降到了每吨十几万元；还有一个产品也是一样，原来国外厂商每吨十三四万元，我们做出来后，价格就降到了每吨三四万元。"凌进说。

凌进、张智峰还讲述了一家核电厂订购锻件的故事。核电厂要求上重铸锻制造一批锻件，一共订了 51 件，每一件设了 3 个关键检测点，这三个关键点只要有一个关键点出问题，合同便取消。核电厂检测了 100 多个点，都一次合格，这在上重铸锻甚至在国内同行的历史上，前所未有。

自主创新并非故步自封。上重铸锻也积极走出去，借助社会力量，广泛开展产学研合作。2018 年上半年，上重铸锻与钢铁研究总院进行战略合作，签署了首个超低温大型锻件的合作开发协议，除此之外，还将在核反应堆锻件、高品质模具钢锻件、特种不锈钢锻件等多个产品方面推进双方合作，开发具有国际先进水平的大型铸锻件产品。上重铸锻还设有"潘健生院士工作站"，同时与上海交通大学合作成立了"大型铸锻件工程技术中心"，同上海电机学院合作成立了"大型铸锻件制造技术应用研究所"等产学研合作机构。

中国首台万吨水压机

"潘健生院士工作站"是上重铸锻合作创新的一个典型。有一年盛夏，上重铸锻一个转子锻件突然在热处理淬火过程中发生开裂，70多岁高龄的潘健生不顾高温，一次次靠近转子，反复研究上面的裂缝，时不时退到一旁交代一些情况，然后再凑上去观察。带着掌握的一手情况，潘健生和相关人员立马回到实验室建立数值模型进行分析，终于找出了转子淬火开裂的原因。赶出工艺改进方案后，他又第一时间出现在热处理车间，紧盯后续一根转子的淬火。这一次，转子完好无损。

潘健生院士亲力亲为，不仅解决了上重铸锻的一些工艺问题，他的精神还感召了一批人。现任上重铸锻大型铸锻件研究所副所长张智峰就是典型的一位。

2006年，张智峰硕士毕业后来到上重铸锻，周围人谈起西装革履、写字楼上班的"白领"工作都竖起大拇指，而对他这份工作服不离身、工厂车间行走的"蓝领"工作却不以为然。潘健生院士没有说教，有的只是对工作的一丝不苟和对后辈的包容。看着潘健生一次次冒着高温下车间、一次次与他们一起加班加点攻克难题，张智峰发现，潘健生身上的那份纯粹正是自己一直以来所寻觅的初心。渐渐地，他身上的那股劲儿又回来了。2015年，张智峰因工作表现突出被评为上海市劳动模范。

而张智峰却很谦虚："我只是正好碰到这么一个高速发展的时代。其实有你想做核电项目做不了的时候，上重铸锻老一辈人有的只做了秦山核电厂项目，到退休也没做第二个。"

上重铸锻通过院士工作站、大型铸锻件制造工程技术中心、核电装备工程技术中心等方式，积极开展产学研合作，全面推进大型铸锻件相关项目与技术课题的研究工作，提升了自己的技术创新水平。现在，上重铸锻是中国东南地区铸锻中心，还被认定为"国家创新型企业"，拥有"国家级企业技术中心"。

上重铸锻参与制造的几大产品，都获得国家相关奖励。"二代加"百万千瓦压水堆核电蒸汽发生器和堆内构件大锻件获得过中国国际工业博览会金奖。450吨电渣重熔炉研制获得过中国机械工业科技进步一等奖和中国国际工业博览会金奖。1万吨双动铝挤压机、自由锻造油压机分别获得国家自主创新产品和首台重大技术装备称号，大型船用曲轴锻件也获得类似荣誉。

重装上阵

然而，上重铸锻的发展并非一帆风顺。1992年，上海重型机器厂改制为上海重型机器厂有限公司，后来，进入上海电气集团股份有限公司（以下简称"上海电气"）一起整体上市。

到 2015 年，由于受行业自身产能过剩的影响，传统冶金制造及矿山机械市场需求持续低迷，销售价格大幅下降，从事冶金、铸锻、建耐、军工设备等制造的上重厂持续几年业绩不好，净利润持续出现亏损，上海电气痛下决心，对上重厂进行了资产重组。

2015 年 10 月 7 日，上海电气上重铸锻有限公司注册成立，注册资本 1.5 亿元，有效剥离低效资产后，上重铸锻重新上阵，才赢得了产品技术提升、质量稳定的可喜局面。

经过三年多的奋斗，2018 年，上重铸锻完成的订单额接近 7 亿元，一举扭亏为盈。改善了资产结构和赢利能力的上重铸锻将重装上阵，续写荣光。

第二篇
上海汽轮机厂：自主创新　面向未来

黎光寿　吴瑞馨

　　上海汽轮机厂位于上海市闵行区江川路 333 号，从工厂大门往里望去，道路两旁长满了参天大树，这里的一草一木似乎都在诉说着上海汽轮机厂的历史。

　　上海汽轮机厂成立于 1953 年，是中国第一家汽轮机制造厂，被誉为中国汽轮机的摇篮。它以设计、制造火电汽轮机、核电汽轮机和重型燃气轮机为主，兼产船用汽轮机、风机等其他动力机械。它的产品在国内市场占有率达到 40% 以上，其中 1000MW 汽轮机在世界市场的占有率超过 50%，位居全球第一。

　　汽轮机集中了众多工程学科最前沿技术，是一个国家装备制造综合实力的标杆之一，在汽轮机行业超过百年的历史进程中，始终是一个在技术上与时俱进的行业。目前，除中国的上海汽轮机厂、东汽和哈汽外，仅少数发达国家同行业的大型跨国公司才具备研发大型高效率汽轮机的能力。近十年真正在洁净燃煤发电超超临界汽轮机领域进行技术和产品研发的只有德国的西门子、美国的通用电气和日本的三菱等几家公司。

创造 18 项中国第一

1955 年，在刚成立两年的上海汽轮机厂的车间里，诞生了中国第一台 6MW 汽轮机，此后上海汽轮机厂作为新中国发电装备汽轮机制造的先驱，见证了中国动力装备制造从无到有、从小到大、从大到强的发展历程。上海汽轮机厂的汽轮机单机容量从最初的 6MW 发展到如今的 1240MW，提升了 200 多倍，汽轮机总产量突破 4 亿千瓦，创造了 18 项中国第一，年产量连续 10 多年位列世界第一位。

"自成立以来，上海汽轮机厂经历了四个发展阶段。"上海汽轮机厂特殊透平研究所首席专家彭泽瑛说。

第一阶段是从建厂到改革开放。这一阶段以独立自主、自力更生为主，1953—1968 年陆续设计制造了一系列 6MW—25MW 汽轮机；1969 年，建造中国第一台超高压中间再热 125MW 汽轮机；

1972 年，建造高压参数抽汽 50MW 系列汽轮机；1974 年，建造中国第一台亚临界中间再热 300MW 汽轮机。

改革开放后，经济开始复苏，但当时发电设备赶不上国家电力工业的需要。由于经常停电，一些企业不得不在晚上用电少时开工。为了解决电力不足的问题，国家决定"两条腿走路"：第一个办法是中国华能公司进口一批外国发电机组；第二个办法是引进外国技术。这让上海汽轮机厂步入了发展的第二阶段，特征就是技术引进、消化、吸收。

彭泽瑛说，1980 年，在当时的机械工业部和电力工业部的组织领导下引进了美国西屋公司 300MW 和 600MW 两种型号亚临界汽轮机的设计制造技术，上海汽轮机厂负责制造首台西屋引进型 300MW 汽轮机。该汽轮机为反动式结构，而上海汽轮机厂原来生产的汽轮机是冲动式结构，所以在设计、制造、质量、管理等领域面临着一系列困难。从 1980 年与西屋签署合同，到 1987 年第一台引进型 300MW 汽轮机投运，上海汽轮机厂足足花了 6 年时间。

1995 年，上海汽轮机厂和西屋公司合资，技术方面进一步和国际接轨，上海汽轮机厂步入发展的第三阶段。在这一阶段，上海汽轮机厂研发的中国第一台大容量热电联供 300MW 汽轮机在 1998 年研制成功；首台优化设计的亚临界 600MW 汽轮机于 1999 年研制成功；中国第一台 310MW 核电汽轮机于 2000 年研制成功。2003 年 11 月，上海汽轮机厂引进世界最先进的超超临界 1000MW 汽轮机，仅 3 年时间，该项目首台机组就于 2006 年投入运行。

从 2006 年起，上海汽轮机厂步入技术创新、追求卓越的新阶段，即第四阶段。这一阶段上海汽轮机厂以自主掌握的材料、高参数模块开发、计算机数值模拟及控制技术、热力循环优化、焊接转子等领域的创新启动了全方位的产品技术升级。截至 2017 年，上海汽轮机厂共开发了 12 项先进技术，建立了 6 大技术体系，自主设计了 31 个品种的超超临界机组，技术水平都是国际领先。

彭泽瑛介绍，上海汽轮机厂技术创新的一个典型标志是汽轮机超长叶片的开发。2015 年以来，全速的 1220mm 长叶片、第三代 1250MW 核电汽轮机的半速 1710mm 长叶片的成功研制表明上海汽轮机厂技术已达到国际一流水平。

每次进步都是不断努力的结果

彭泽瑛介绍，在上海汽轮机厂与外方合作伙伴的每一次合作中，外方合作伙伴都限定了非常严格的技术转让条件，"其目的首先是不培养竞争对手，其次是垄断技术和产品的开发，产品的每一次变化都要再收取一次技术转让费"。彭泽瑛表示，这实际上也让上海汽轮机厂坚定一个信念——"核心技术只能靠自己"。

美国西屋电气是与中国汽轮机领域最先合作的公司，该公司与上海汽轮机厂签订了亚临界 300MW/600MW 机组的技术转让合同，其中汽轮机部分包括一些计算机源程序、设计报告、材料数据等，但在涉及产品发展的计算机控制技术（DEH）、通流叶片优化设计、CAE(FEM) 强度结构程序及方法、长叶片设计技术等四个核心技术领域并未有转让资料，如果上海汽轮机厂不自行研发，就不具备独立的设计开发能力，只能掏钱直接向西屋购买相应的关键部件。

彭泽瑛说，在整个技术转让期内，中方与西屋就上述核心技术的转让进行过多次磋商，但西屋电气始终拒绝让步。于是，上海汽轮机厂决定在关键部件上走自主研发之路，结果自主研发出计算机控制技术，自主完成引进型机组的三步优化设计，自主开发可控涡型线，自主设计 905 叶片取代引进的 869 叶片。

上海汽轮机厂的努力不仅满足了国内电力工业建设的需要，而且还先后自主完成了上海吴泾 2X300MW 项目、出口巴基斯坦 320MW、秦山 310MW 核电、300MW/600MW 机组三步优化等重大的产品开发。更为关键的是，上海汽轮机厂通过自主创新，在该领域建立了自主知识产权的设计技术体系，实现了对引进技术的超越。

2003 年 11 月，浙江玉环 1000MW 超超临界机组项目正式启动，该项目作为中国"863"计划科技攻关超超临界发电技术课题的示范工程，技术起点是当时世界最高水平，机组的参数、容量和各项性能指标均明显超过日本三菱、阿尔斯通以及西门子已有产品，需进行全新设计。在这新一轮技术进步的进程中，外方某些公司将技术保护发挥到了极致。

彭泽瑛介绍，具体的表现是在技术转让合同中，转让方一方面将技术转让与某一产品定义挂钩，即机组容量、参数、各缸叶片尺寸、高温材料、转速（周波）、末级长叶片、抽汽、性能提高 1%等都作为技术转让范围的定义，每一项的变化都必须重复签订一次新的技术转让合同，"按照这种技术转让模式，随着我国超超临界发电机组建设井喷式发展，技术转让方不仅可以因产品的任何变化不断地多次收取技术转让费和设计费，又可持续地阻止中方的技术进步，将技术产品的发展掌握在手中"。

但技术转让方低估了上汽自主创新的能力，为满足客户的要求，自 2007 年起，上海汽轮机厂按进度要求，高质量自主完成了三个新产品的设计；后续的 10 年内，又独立完成 30 多个产品的优化设计和制造。

上海汽轮机厂研制的这些产品在压力、温度、容量、热电联供、长叶片设计、空湿冷、二次再热、热力循环等参数指标方面全面超越引进的玉环机型。同时，上海汽轮机厂还建立了具有国际先进水平的 6 个自主核心技术体系：高温材料体系，超越 610℃ 的 620℃ /630℃ 高温材料；高参数大容量模块结构设计体系；更先进的计算机程序系统 AIBT；热电联供汽轮机设计技术；长叶片设计体系；计算机控制及一键启停技术。

进入自主创新的王国

彭泽瑛介绍，超长 1710mm 汽轮机叶片，是应用在容量 ≥ 1000MW 压水堆大容量半速饱和汽轮机上的关键部件，当时国内企业已拥有自主研发的新技术，但因那时国内环境对自主创新非常谨慎，所以在项目招标中限定必须采用引进国外技术和产品的路线，而国外拥有该领域核电汽轮机技术和产品的只有德国西门子、法国阿尔斯通（2015 年被通用电气收购）和日本三菱，该领域基本被这三家公司垄断。

在与外资企业合作的时候都遭遇过什么问题呢？彭泽瑛说，第一个问题就是前面提到的我国制造厂必须向技术许可的外国公司支付高额产品技术许可费用，每台机组还需支付提成费；其次是中国制造的核电汽轮机产品无外方批准不许进入国际市场；第三是许可产品的容量是单一的，不能满足第三代核电及我国中、北部沿海地区核电机组的性能要求；第四是外方不转让长叶片设计等关键技术。

打造精品

彭泽瑛说，以决定机组容量和效率的关键部件长叶片为例，三家外国公司提供给中方的均为排汽面积为 20 ㎡、高度为 1400mm 的叶片，但三家外国公司均在自主进行新的更大排汽面积的长叶片和汽缸开发：西门子的 25 ㎡/1700mm、阿尔斯通的 30 ㎡/1905mm、三菱的 28.6 ㎡/1828mm，"每一个新的更大排汽面积的叶片，必须再签订另外的技术许可合同。"

因为上海汽轮机厂本身就和西门子有合作，所以在前期西门子研发 1700mm 叶片的时候，上海汽轮机厂从技术和市场的角度多次给西门子提供支持。2008 年广东阳江核电项目招标，上海汽轮机厂与西门子联合赢得了合同，为西门子 1700mm 叶片争得了用户。"但可能是在研发过程中出现问题，西门子提出取消 1700mm 叶片的供货合同"。

彭泽瑛介绍，当时代表国际先进技术水平的是西门子的 1700mm、阿尔斯通的 1905mm、三菱的 1828mm 叶片研发计划，但国外公司转让给中国的 20 ㎡ /1400mm 叶片不能适应 CPR1000、2 代＋核电项目在中国中部、北部及沿海地区的要求，更不能适应第三代核电容量的要求。

在西门子长叶片技术和周期都存在困难的情况下，与客户沟通后，上海汽轮机厂果断推出自主研制的 1710mm 叶片。彭泽瑛说："为了这个项目，我们在技术方面储备了很多年，正好利用这次机会，加快长叶片的升级布局，制订超越国际先进水平的长叶片的开发计划。"上海汽轮机厂制订的计划，是研发更为先进的 25 ㎡ /1710mm、30 ㎡ /1905mm、36 ㎡ /2200+mm 的汽轮机叶片。

彭泽瑛介绍，在最初外方和上海汽轮机厂签订的技术转让许可协议中，特别将新的排汽面积更大的长叶片定义为重大技术发展，明确一个长叶片对应一个技术许可协议。"外方的意图是用该条款长期控制中方核电技术产品的升级，今后每一次长叶片升级必须重新签订技术许可协议，重复收取技术许可费。"

"但该条款的另一个含义是，自主开发其他长叶片的技术和产品将超出现有技术转让许可协议，我们只要以自主的长叶片技术开发新的长叶片，就能突破现有核电技术和产品技术许可的限制和约束。"结果 2009 年，上海汽轮机厂自主开发制造的 25 ㎡ /1710mm 长叶片的汽轮机，首次在国内 AP1000 核电 1250MW 项目中标，以获得自主知识产权的核电技术和产品赢得了客户的信任和选择。

这次技术进步不仅突破了引进技术的协议束缚，而且抢占了核电汽轮机技术和产品发展的制高点，成为上海汽轮机厂自主创新的一个标志。在国内 AP1000 核电 1250MW 项目中标后，2013 年配置该长叶片的汽轮机出口海外，用于巴基斯坦 K2/K3 的华龙一号 1145MW 机组。2017 年上海汽轮厂又完成 1905mm 叶片设计及试验，以及世界上最大排汽面积 36 ㎡ /2200+mm 叶片的设计。

转子的砝码移向中国

火力发电机组的蒸汽轮机转子耐高温和耐高压的能力，直接决定了发电机组锅炉内蒸汽的温度，同时也决定了单位能耗。目前电厂运行的超临界、超超临界火电机组的蒸汽温度为 ≤ 566℃ 和 600℃，其中 600℃ 发电机组实际运行平均煤耗为 275.8g/kW·h，最优达到 271g/kW·h，性能和节能减排水平达到国际领先。上海汽轮机厂超超临界 31 个品种产品有订单 237 台，占世界市场的 54.6%，居于全球同行业的首位。

为何火电机组蒸汽温度这样划分？这是源于材料的高温强度性能，目前适合汽轮机转子的高温材料一共有三个温度等级，第一等级是 ≤ 566℃ 的 CrMoV 和 12CrMoV 钢；第二等级是 600℃ 到 630℃ 的 Cr 钢；第三等级是 ≥ 700℃ 的镍基合金。前两个等级正在大规模应用，第三个等级正在研发，如果 ≥ 700℃ 的镍基合金转子研制成功，其单位煤耗将进一步降到 240g/KW·h 左右。

据介绍，600℃ 的铁素体钢材料及锻造技术又分为两种不同的型号：一种是 600℃ /610℃ 等级的 10%Cr 钢，另一种是 620℃ /630℃ 等级、含有 Mo 和 B 的 9%Cr 钢。600℃ /610℃ 等级的 10%Cr 钢于 1993 年首次在日本应用，620℃ /630℃ 等级的含 Mo 和 B 的 9%Cr 钢于 2012 年在欧洲首次应用。上海汽轮机厂是世界上高温材料应用最多的制造厂，两种材料都有大量成熟的应用业绩，前者于 2006 年用于浙江玉环电厂 1000MW 项目，汽轮机订单已超过 225 台（套）；后者于 2013 年在安徽田集电厂应用，汽轮机订单超过 50 台（套）。

过去我国企业并不生产这两种转子用钢，但在上海汽轮机厂的需求带动下，国内一些企业开始开发相关技术和产品。目前 600℃/610℃ 等级的 10%Cr 钢转子锻件，国内的一重、二重和上重都能提供少量产品，其价格比进口便宜 2% 到 10% 左右。对于 620℃/630℃ 等级的含 Mo 和 B 的 9%—10%Cr 先进铁素体耐热钢的转子锻件，国内三大重机厂正在进行工艺攻关。与两种材料有关的阀门、叶片及螺栓，国内已经可以生产和供应。

针对 ≥ 700℃ 的镍基合金转子，目前全球有三个由政府组织的研发计划，一个是 1998 年欧盟组织的 AD700 开发计划，第二个是 2008 年日本政府组织的 AUSC 开发计划，第三是中国国家能源局于 2011 年组织的"国家 700℃ 超超临界燃煤发电技术创新联盟"。上海汽轮机厂负责人介绍，这些计划的目标之一是研发适合 700℃ 汽轮机的大型铸锻件材料，确立 700℃ 超超临界示范发电项目的技术方案。

欧盟 AD700 开发计划已经完成了四种镍基合金材料的研发，制造出了直径为 φ600mm—φ1000mm 转子的锻件及焊接转子试制，已经完成了大型主调节气阀铸造件的试制，还完成了高温条件下部件的长期运行试验。但由于锅炉管材在运行验证中出现大量缺陷，目前欧洲的 AD700 示范项目延期，至今没有进入工程应用流程。日本也基本完成了相关材料的研发、转子的试制、主调节气阀铸造件的试制等，但日本没有新的火电发展计划，无法进一步发展。

中国起步最晚，2015 年才启动了镍基转子锻件、铸件及叶片螺栓材料等 3 个材料及高温部件的研发子课题。但中国的优势在于，2014 年 11 月确定了 700℃ 超超临界汽轮机示范工程方案，该方案所涉及的汽轮机是 660MW 等级，参数为 35MPa、700℃ /720℃ 等级；2016 年完成示范工程电厂的可行性及总体方案，有待示范项目的实施。

"700℃ 汽轮机目前在国际上也都处在示范项目研发阶段"，彭泽瑛表示，目前国内外实际处于相同起跑线上，国外公司也没有更多必须要引进或学习的技术，"中国市场也不应当成为国外公司发展的试验舞台，洁净燃煤发电装备业技术和产品的发展焦点不再是引进国外技术，而是如何像高铁技术装备一样，实现技术和产品的出口"。

放眼海外　布局未来

进入 21 世纪以来，人类社会面临自蒸汽机、电气化工业革命以来的 3E 挑战，这 3E 是指 Energy Security（能源安全）、Environmental Protection（环境保护）和 Economocal Growth（经济增长）。在这个大潮中，西屋电气被整合进西门子，阿尔斯通被整合进通用电气，日本三菱整合了日立变得一家独大，世界竞争对手数量正在变得稀少而实力空前强大。

就国内来说，东汽和哈汽两个竞争对手，从 2013 年起就开始了"技术大转型"，重新开始向新一轮技术和产品的挑战。从宏观上来看，电力工业也进入结构调整阶段，原有的竞争优势领域即将消失，在新能源、全生命周期服务和运行优化等新领域也面临更多竞争。种种迹象表明，上海汽轮机厂正在面临前所未有的深度和广度上的挑战。

对于上海汽轮机厂来说，现在除了将目光瞄准更先进的燃煤发电外，比如 ≥ 700℃ 合金材料的高温发电装置，还要放眼海外，面向金砖国家拓展市场，以及面向未来，走"互联网 + 能源转型"的道路。

上海汽轮机厂总经理阳虹表示，目前在国际市场方面，欧美汽轮机市场已经基本饱和，欧美传统的汽轮机制造商纷纷走向合并或退出历史舞台，而由于金砖国家等新兴市场的崛起，加上"一带一路"倡议的推进，印度、巴基斯坦、印尼、孟加拉国、菲律宾等电力缺口巨大的国家纷纷在规划建设燃煤发电机组，汽轮机市场稳步上升，上海汽轮机厂又面临一次新的发展机遇。

"我厂 60 万以上机组缸效已与通用电气相当，与西门子的差距也仅在每千瓦时 15 千焦—34 千焦，但是在特殊供方能力、海外项目管理和海外市场的品牌认知度上存在差距。因此，要积极开拓海外市场，就要提升供方能力和海外项目管理能力。"这是记者在上海汽轮机厂采访时多次听到的话。

做品牌、抢市场，目前成为上海汽轮机厂工作的一个重要方向。上海汽轮机厂的具体做法是：通过订单打造新兴市场上的品牌认知度——"我们珍惜手里的每一个订单，一个订单就是一面旗帜，一个成功的项目就是最好的广告，对客户的需求我们都会努力满足"。

彭泽瑛告诉记者："燃气轮机就是我们的下一步发展目标。太阳能发电、生物垃圾发电、二氧化碳发电目前还是我们的短板，为此我们厂专门成立了相关职能部门，在二氧化碳发电领域也和几个电力公司、北京几所大学联合进行样机试验。"

在互联网及智能化系统方面，上海汽轮机厂着力研发智慧透平。阳虹说："我们在汽轮机上面配了很多 APP，包含有很多模块，可以协助优化机组的运行模式，让机组效率更高，寿命更长，更加灵活，更加智能。"

"随着互联网技术和计算机技术的发展，上海汽轮机厂正在从传统产品制造商转型为智慧产品及服务提供商。万物互联，透平也可以连在一起，那将是最便捷、最经济、效率最高的方式。"阳虹说。

第三篇

海立股份：海阔高樯立　风正一帆行

崔人元

上海滩是个故事很多的地方。20 世纪 80 年代，上海家用电器制造行业有著名的"四大金刚"——上菱冰箱、水仙洗衣机、双鹿冰箱和海立压缩机。上菱、水仙、双鹿都是生产整机的，其名声在神州大地真可谓如雷贯耳，厂里工人出门都比别人自信，老百姓以拥有其产品为幸福；而海立是做零部件的，知名度就弱多了。

潮起潮落，浪花淘尽英雄。如今，"四大金刚"却只有海立硕果仅存！ 1992 年海立改制为股份有限公司，并在上海证券交易所上市，公司全称为上海海立（集团）股份有限公司（以下简称"海立股份"）。如今，海立股份作为全球排名前三的空调压缩机研发、制造和销售企业，是世界上最大的独立空调压缩机制造商，每年有 2000 多万台产品走进全球 165 个国家的亿万家庭。全球空调排名前十的厂商都使用海立压缩机。海立股份在技术、质量、国际化、智能制造等方面，成为业界标杆。

放眼中国，改革开放 40 年来，中国家电产业从无到有，从小

海立股份外景

到大，由弱变强，产业规模已从 1978 年的 4.23 亿元发展至 2017 年的 1.5 万亿元，成为全球规模第一、极具全球竞争力和影响力的改革开放的典范。可以说，家电产业已经成为中国具有国际竞争力的一张亮丽的名片，是中国先进制造业的典范。

很重要的原因之一，就是中国家电产业在核心零部件方面取得关键突破，诞生并发展了一批包括海立在内的处于全球领先地位的零部件制造商，在技术、产品、规模、质量上都达到世界级水平。

从引进模仿到自主创新

1993 年 1 月，海立股份与日立空调·家用电器株式会社合资，海立股份投资 75%、日方投资 25%，专业研制、生产、销售空调压缩机，中方控股并主导经营，日方提供技术支持和品牌。

用于空调的旋转式制冷压缩机技术是美国人 20 世纪 50 年代发

明的，60 年代日本企业日立、东芝、松下、三菱、三洋等从美国引进技术，并以精益求精的工匠精神，实现产业化大批量生产，占了 70%—80% 的世界市场。90 年代初，中国企业纷纷从日本引进此项技术，成立多家合资公司，国内市场成为国际竞争的战场。海立股份该怎么办呢？

"我们也是从引进技术、合资合作开始的。在技术发展上有五个阶段：一是引进技术，完全照葫芦画瓢；二是消化吸收，中方技术人员通过向日方学习，可以自己出图纸了。这两个阶段的知识产权在日方手里，我们要付技术提成费和品牌使用费，等于是学费。第三阶段是双方联合开发。联合开发出的东西其知识产权一方一半，我们这时就开始拥有自主知识产权。第四是自主研发，不再依靠日方。第五阶段是自主创新。"海立股份总经理郑建东说。

海立股份建立市场与技术双驱动的创新研发构架、产品开发与技术研究的三个组织构架，以及不同领域的四个知识构架，构建了以产品为中心的市场研究、基础研发、产品设计、工艺开发的技术流程。投资 3 亿多元建成国家级企业技术中心、国家认可压缩机检测中心、科技开发大楼、加工分析中心、现代制造技术中心等，拥有了从方案设计、分析模拟、可靠性试验到装机实验验证的完整开发资源和国际先进水平的研发条件，形成了基础要素研究、设计应用技术、工艺技术并举的完整的压缩机自主研发能力，完成了从"知其然不知其所以然"到"回到原点开发新产品"的跨越。

"空调压缩机集成润滑、电磁场、流体、动力学、声学等多种技术，是技术密集型产品。既重视技术创新和产品开发，又关心市场应用和行业拓展，这一思想对海立股份的发展影响深远，是海立股份引领行业、走向国际的重要因素。十年前，当我们开始把压缩机技术转化成非空调领域的应用，进入了第五阶段。"郑建东说。

在走向自主创新的过程中，海立股份与德国美诺公司合作，为其研发生产使用寿命为 20 年（普通滚筒洗衣机是 10 年）的洗衣机压缩机，这具有里程碑意义。美诺产品，有"家电界的劳斯莱斯"之称，技术领先、质量稳定、价格昂贵。在几年的研发过程中，美诺团队几个月就来一次海立，审查工厂、研发、设计、制作……完全按德国汽车用压缩机的标准来要求。"管理层讨论后决定啃硬骨头，按美诺的要求来，通过这个项目在欧洲打响海立品牌。经过两年多攻关，才得到美诺的第一个订单。这既让我们获益，也促使我们有底气持续投入，在技术和管理上稳定地提升。"郑建东说。一年后，给美诺生产压缩机的这条生产线作为示范线，让海立股份的生产管理标准上了一个台阶。

从制冷拓展到制热，是海立股份自主创新成功的典型案例。面对能源紧张、气候变暖两大挑战，在供暖供热水领域，日本、美国、欧盟等已转向高度节能环保的热泵产品。在我国，城市家庭能源消耗中，生活热水和冬季采暖的能源消耗占到 30%—60%。空气源热泵采暖，与空调运行原理一样，通过冷媒从外界环境吸收热量，经过压缩放热，效率大大提高，其所耗电量比最节能的电加热要节约 60% 以上，即使和燃气加热相比也节约 50% 以上。海立股份在全球首家推出旋转式热泵专用压缩机，具有"4 倍寿命、4 季高效、4 倍能效"的特点，作为技术和市场的引领者，促进中国空气源热泵这个绿色产业达到国际领先水平，在北方"煤改电"工程中占据一半以上份额。

在拓展压缩机应用的新领域，另一个达到国际领先水平并实现产业化的就是新能源汽车用压缩机，在新能源客车领域市场份额超过 25%，并开始进入新能源乘用车市场。从不移动的家用空调到移动的新能源汽车空调压缩机，海立股份"十年磨一剑"，经过十年持续的技术投入和市场拓展，成功整合"涡旋流体压缩机、永磁同步电机、360°变频控制"三大尖端核心技术，以传统车用压缩机制造企业所没有的产品，成功切入新能源汽车产业链。就一辆 7 米客用大巴士为例，只要使用一台海立压缩机，就能达到 10 千瓦的冷量，完全可以满足该车夏季制冷需求，大大节约了新能源车的用电量，而且重量只有 7 公斤。加上海立领先的热泵制热技术，同一台空调电动涡旋压缩机又能制冷又能制热。

"下一步是打造开放式创新平台。作为世界级的、专业的、独立的空调压缩机供应商，海立股份面向空调行业的所有顾客销售，而非某个厂家的自配套企业，需要在技术上、在把握技术发展的节奏和趋势上、在规划产品发展上保持领先地位。"郑建东说，"我们建立企业技术路线图，坚持科技自主创新的同时，注重利用社会科技资源。我们是中国第一家加入全球先端学术联盟——CEEE 环境能源工程联盟和 ACRC 冷冻空调学术联盟的企业，参与制冷空调产业技术方向探讨，开展与国际水平同步的核心技术开发和基础要素的探讨。"

高起点高质量打造自主品牌

中国家电产业的成功之路，得益于改革开放的历史机遇，得益于引进技术高起点的发展方式，得益于充分的市场竞争，还得益于一批具有远见卓识和富有创新精神的企业家。

海立股份与外方合资企业早期使用外方品牌，上下齐心，艰苦创业，锐意进取，产品供不应求，经济效益非常好。但管理层认识到，中国的合资企业不能只依靠外方资本赚钱，"没有自主品牌的公司是一家不完整的公司，只有拥有自主品牌的企业才是一个可以传承的企业"。海立股份先后建立四个愿景：从"替代进口"到"国内第一"，再从"全球供应商"到"全球第一的空调压缩机供应商"，逐步形成打造自主品牌的信念和追求。

1996 年注册中英文商标"海立 /HIGHLY"，2001 年开始出口，2004 年达到公司总销量的 50%，2007 年达到公司总销量的 90% 以上。十多年来，"海立"品牌压缩机稳定占到全球市场份额的 1/7，成为全球制冷行业的知名品牌。

海立品牌在短时间内飞跃发展，除了抓住科技进步和自主创新这两个关键环节，更重要的是实施"质量管理"和"品牌营销"的同步协调发展，被客户和消费者所认可和接受。

1998 年，海立股份创立"质量金字塔"质量管理模式；2001 年，海力股份在国内首批导入代表全球质量最高水平的卓越绩效模式，确立清晰的企业使命、愿景和价值观，荣获第二届全国质量奖；2004 年，导入六西格玛管理和流程管理，创造性地实施"基于六西格玛的流程重组"，进一步提升经营管理水平；2006 年，导入精益管理，建立一套独特的"3N4M5S ＋ UTE+ 精益七个零"生产管理方法；2009 年，建立"双创＋践行"的全员参与的创新与改进体系和智库；2013 年，学习中国航天"质量问题双归零"的管理办法，提出"海立压缩机，冷暖伴终身"的质量承诺。

2016 年，海立压缩机累计产销已突破 2 亿台，50% 产品被海外消费者使用，海立品牌的高质量得到全球客户的一致认可。除了较为完善的制度和不断创新的管理方法，更重要的是持之以恒抓全员质量文化和质量诚信建设。海立股份提出每位员工周一到周五是生产者、周六和周日是消费者的概念，建立"质量体现人格，产品就是人品"的质量诚信观，"生产顾客和自己都满意的产品"的质量文化。

有了技术和质量支撑，海立股份坚持"同质同价"的品牌营销策略，树立海立品牌的高技术和高质量形象。因此，海立产品荣获国家质检总局"出口免验产品"称号。

海立股份技术化设备

空调压缩机属于工业中间产品，不直接面对最终消费者，公司建立了完善的品牌管理系统，分阶段以不同的市场定位来丰富品牌的内涵和价值，创造性地开展"中间产品面向消费者"的品牌传播活动，提升其在顾客和最终消费者中的知名度和影响力。

通过建立自主品牌，海立股份走出一条科技含量高、资源消耗低、环境污染少的发展之路，显著提高了企业综合竞争力。海立品牌正在显示出中国品牌为全球消费市场带来的全新价值和意义。

从上海走出去，制胜国际化

海立股份第一次"走出去"，到上海以外的地区投资建厂，是在全球金融风暴前的 2007 年。我们看清了产业梯度转移形势，抓住中西部地区的发展机遇，在南昌投资建设当时世界最先进的空调压缩机工厂，很好地抓住金融风暴后国家出台的"节能惠民""家电下乡"等政策，取得巨大成功。另外加快了"走出去"的步伐，在安徽、四川等地投资建设多个制造基地，走出中国，走国际化道路，形成"两头在沪、中间在外"的布局。

2013 年 9 月，海立股份在印度投资建设的印度最大空调压缩机工厂正式投产，是海立股份实施国际化战略的一个重要里程碑，是海立品牌由全球销售转向全球制造迈出的重要一步。

海立股份早就瞄准了新兴国家市场。2003 年进入最有潜力的印度市场后，很快实现年销售 100 万台，市场份额超过 40%，成为海立股份最重要的海外市场，但这远远不能满足当地空调配套市场的需求。经过科学评估、论证后，海立股份决定在印度投资建厂。因为"印度拥有人口红利、巨大市场、劳动力优势、低政治风险、发展稳健等众多优势。在印度建厂，既能满足贴近市场、贴近客户、快速响应的需要，抓住印度市场高速增长的机遇，又能进一步扩大市场和巩固市场领先地位，还能辐射和满足中东的市场需求。这是海立股份实现'全球第一'梦想的新起点。"郑建东说。

印度的供应链、公用基础设施落后，官僚作风严重，工作和生活辛苦，只有受过高等教育的人能流利使用英文，现场操作员工基本用土语方言……最难的还是人员管理。如何让印度员工适应海立股份的管理文化，如何让印度员工尽快掌握操作技能，如何确保印度工厂产品质量达到中国同样的高水准，海立股份独创了一套集属地培养与跨国带教相结合的人才队伍建设方法。

2013 年 2 月，第一批 58 名印度籍一线员工抵沪，展开为期半年的研修培训。海立股份采取了"一带一"的培训方式，一名中方师傅带一名印度学徒。印度籍员工在中国带教师傅手把手的传授中，学习实际操作技能与规范要求。公司特别为每一位印度籍员工配备移动平板电脑，搭建互动学习平台，推送专门制作的培训课件。此外，还配备 2 名印度翻译和 5 名硕士实习生解决学习生活中的语言沟通难题。海立动力学院专门配备了 8 名专业讲师，科学制定研修课程表。迄今为止，超过 100 名印度籍员工接受了中方的跨国培训。

更多的印度籍员工在印度工厂里，由中国师傅分阶段、按计划带教。中国师傅把印度徒弟带出师，才能功成身退回国。很多印度籍工人来自印度农村，不太懂英语，只会印地语和本地的古吉拉特语。带教过程中，通常徒弟学中文，师傅学英文和印地语，最后是中、英文和印地语三种语言混合着用。徒弟出师能够独立工作，一般需要师傅带教一年左右的时间。

"海立股份的印度工厂能够给予客户'12345'的承诺：客户有任何投诉，1 天就解决；客户有订单需求，2 周交付；客户有不良质量的反映，货物到海立印度工厂后 3 天可以分析出来；4 天货物送达；5 年产品质保。我们通过本地化的优势继续保持市场领先地位。"郑建东说。

海立股份专利墙

深入探究可知，海立品牌打下印度及其他海外市场的"杀手锏"，是先进的技术和过硬的产品。以印度存在的问题为例，常年高温，空调器热负荷甚高；电网不稳定，电压波动范围极大；空调器强制性能效标准，每两年提升一次；等等。海立股份专门研发适用于印度的多款产品，广受印度客户好评和市场欢迎。

海立股份国际化战略的成功，源自强大的科技创新能力和全球研发战略布局。自 1998 年在上海设立技术中心后，海立股份先后在南昌、广东设立了技术中心，又根据技术和市场需要在海外设立技术中心，构成领先世界的全球研发中心平台，全球研发资源形成共享。2008 年在印度新德里建立印度技术中心，2013 年在千叶市设立日本技术中心，同年，在意大利米兰设立欧洲技术中心，2015年，在芝加哥创立美国技术中心。这些海外技术中心能更好地贴近市场，第一时间反馈市场和客户需求，同时服务属地化客户，提供销售和技术支持，实现产品需求与开发匹配的本地化运营，提升响应速度。

海立股份战略眼光是开阔又长远的，适时进行产业布局调整。"走出去"，不但去全国，而且要去全球，做大做强，打造一个国际化企业和全球化品牌。

2017年，上海市政协代表团调研海立股份的印度工厂后，给予了高度评价："上海企业走出去经历了三个阶段，有劳务输出和工程承包的1.0阶段，在海外设立营销窗口的2.0阶段，在海外投资办厂搞实业、设立研发中心的3.0阶段。海立股份完成了从'引进来'到'走出去'的发展飞跃，实现了'走出去'的3.0阶段，实属不易。海立股份坚持国际化经营、全球化布局，是上海国有企业参与'一带一路'建设、加强国际产能合作的典范，成功经验值得总结和借鉴。"

走在时代前列的自造和智造

中国制造靠低成本立足的老路行不通已是共识。企业如何转型升级？海立股份作出了优秀的回答。

海立股份早在2007年就认为，中国人口数量庞大，国内市场消费能力和潜力远远超过美国、欧洲、日本等家电消费大国，中国的家电、汽车等行业的规模都达到了千万级的水平，这在其他国家是不可想象的。因此，设计、制造、供应链、质量管理方式等都要适应中国的产业规模，势必要寻求新的突破和变革，从而启动海立股份转型升级发展之路——向"自造"和"智造"的转变。

"自造"就是自动化，"机器人换人"。海立股份从2007年投入第一台机器人开始，十年来累计投入超过500台工业机器人。2015年，海立股份上海工厂的工业机器人密度达569台/万名产业工人，超过名列全球工业机器人密度第一的韩国，处于世界领先水平。为管好这些机器人，海立股份"第二人力资源部"成立了，为每台机器人编号建档，跟踪机器人的持续投入和产出情况。另一方面，"第二人力资源部"根据工位的调整，负责机器人的"转岗"工作，将因工艺或设备变化不再需要的机器人通过机械手配置和软件调整实现转岗。

"智造"就是信息化，"提高产品质量一致性"。海立股份产品精度是 u 级，一根头发丝直径的 1/70。每天生产 7 万台压缩机，最快生产线每 7 秒出 1 台，产品质量要达到 30PPM，必须实现质量精准管理和快速反应。海立股份集成研发、生产、采购等多个系统，对运营全过程中的物料及产品检测数据的收集、处理、分析、存储、应用，根据工单自动定时推送各工序检验要求，实现从原材料、部品生产、装配到成品装箱出厂端到端全过程的在线实时数字化质量管控。通过核心零部件刻印二维码、视觉识别、关键质量控制点质量检测数据集成、前后工序关联与验证等多种方法，形成联动预警和主动防错能力，有力地确保制造质量稳定性。

2016 年，海立股份入选工信部智能制造试点示范项目。在海立股份刚刚建成的大规格空调压缩机智能制造工厂中，我们看到，零部件扫码后进入 1F 立库，配合自动化物流、AGV、立库，遵循就近原则运送到 2F，再通过近百辆 AGV 小车，对 150 多个生产工位实行点对点输送。员工刷脸进入车间，刷脸上岗。每个岗位都有一块电子屏，员工点击屏幕操作。流水线上零部件自动向下一个工序流动，先扫码确定质量状态，与机器人、AGV 小车、生产设备、检测设备等自动协作、精准配合，直至一台产品装配完成后贴上海立商标通过机器人装箱发运。

这个智能制造工厂是海立股份从大规模生产转向大规模定制的最新实践。每年研发和生产 1000 多个机种，基本都是客户定制的，交货期 10 天。以海立股份"精益七个零"管理为基础，客户个性化需求为导向，通过产品数字化、装备智能化、物流自动化、工厂网络化、系统集成化，实现产供销计划一体、供应链拉动、客户订单全过程可视，根据空调终端市场和客户需求进行计划和生产调整。同时，通过对人员、设备、物料、产品、环境等各种数据采集、互联互通和集成应用，每个订单的生产成本核算速度和精度进一步提升，决策就能更快更准。

提质增效降本，海立股份利用新一代信息技术，基于压缩机研发和制造 20 多年所累积的经验，转换为基于工业互联网的数字化管理过程，促进管理经验的系统化、自动化、智能化，实现新的价值创造和高质量发展。

在履行社会责任中实现基业长青

海立股份上市 20 多年，一直坚实践行社会责任，享有良好的企业声誉。2010 年，海立股份"以可持续发展为导向的社会责任管理"成果获得全国企业管理现代化创新一等奖；2018 年 3 月，上海证券交易所发布首份上市企业社会责任报告，海立股份获得 2017 年度第一名。

"作为一个国有控股的上市企业，我们认为履行社会责任不仅仅是一种投入，更能锤炼企业的综合竞争力并在全球化市场竞争中赢得主动，最终带来对利益相关方的回报，这体现在企业各个发展阶段的多个方面。"郑建东说。

基于压缩机产品耗能量大、技术密集型和劳动密集型的行业特点，海立股份将产品节能和促进员工发展作为社会责任管理的两大支柱。

产品节能。压缩机是空调的主要耗电所在。数据表明，中国家庭一年在空调上的用电量约占全国全年用电总量的 1/25。海立股份每年生产 2000 万台压缩机，如同时被使用，其消耗功率约为 2400 万千瓦，相当于一座三峡电站的装机容量。海立股份积极推进国家强制性能效比标准出台，公开承诺"每年把产品能效比至少提高 0.02"，全部销售产品能效比从技术引进初期的不到 3.00 提高到 2017 年的 4.223，年均节约用电近 30 亿度，减少二氧化碳排放 300 多万吨。

促进员工发展。海立股份有 5000 多名一线工人，大多来自农村，实施"新海归计划"，探索出"四个阶段，四个适应"的做法：一是初级技能培训，适应岗位需要；二是提升文明素质，适应城市生活；三是强化专业技术培训，编制员工素质系列手册，适应企业发展；四是创建"海立动力学院"，与上海电视大学等联合开展本专科学历培训，以适应社会进步。农民工加入工会组织，参加企业民主管理活动，开展形式多样的青年劳务工工作等，不但使农民工顺利成长为符合生产要求的熟练工人，而且提升了他们的学历、职业技能、民主法治、现代文明等素质，让他们融入城市生活，转变为有见识、有文化、综合素质高的都市人。他们或者从上海回到家乡作出贡献，或者回到社会自主创业、寻求更好的发展，使得企业可持续发展与社会整体可持续发展保持一致。在海立股份建设中西部制造基地时，有上百名在上海制造基地工作的江西、四川、安徽籍一线员工，参与项目建设过程和出国验收设备，之后回到家乡担任基层干部。

海立股份建立基于"改善人们的生活环境、保护人类的生存环境"使命的企业社会责任体系，使得履行社会责任成为立足自身发展战略的自觉行为，成为连接社会、股东与员工等利益相关方的坚韧纽带，成为推动企业可持续发展的核心竞争力要素之一。

展望未来，海立品牌在全球的影响力将不断扩大，海立股份也定将基业长青！

第四篇

上海机床厂：工匠精神成就磨床领军者

王志琴

我国制造强国战略将数控机床和基础制造装备列为"加快突破的战略必争领域"。机床被称作是"工业母机"，以机床行业为支撑的装备制造业，是国家建设现代化经济体系的基石和脊梁。

熟悉我国机床行业的人都知道，业内骨干企业有"十八罗汉"的说法。新中国成立前，我国没有机床工业，只在上海等地有少数企业能够制造一些简易机床。1952 年，中央在北京召开了全国第一次工具机会议，为以后我国机床工具业的发展定下了基调。此后，我国在三年国民经济恢复时期和"一五"期间，通过对部分机械厂的改扩建和新建，初步建立起我国的机床行业，其中确定了18 个骨干企业，它们被称为"十八罗汉"。

尽管和很多行业相比，机床算不上是大行业，甚至还有些"冷门"，但机床行业从无到有，从仿制到自主研发，60 多年来，作为装备制造业乃至整个工业发展的"母机"，新中国的机床工业见证和支持着各个行业的成长与壮大。特别是"十八罗汉"，它们更是为我国机床行业的发展立下了汗马功劳。

时移世易。改革开放后，国有企业经历了转型和改制时期，"十八罗汉"也因此开始有了不同的境遇。这18家企业当中有的借势发展，成为举世瞩目的企业；有的则一蹶不振，前途未卜。

大浪淘沙始见金。在时代发展的大潮中，作为曾经的"十八罗汉"之一，上海机床厂有限公司（以下简称"上海机床厂"）凭借着不急不躁、踏踏实实的工匠精神，在起起伏伏的机床行业一步一步稳健向前。特别是改革开放以后，齐全的产品品种与规格、创新的技术、传统的精密制造特色、广泛的产品应用领域以及首屈一指的市场占有率，为上海机床厂奠定了在国内磨床业的主导地位。怀着对"工业母机"的敬意，记者走访了上海机床厂这家专注于磨床生产的企业。

埋头实干，做机床行业闪亮的"明珠"

1943年，上海机床厂的前身——中国农业机械特种股份有限公司在重庆成立，并于1946年8月迁往上海。那时，该工厂主要生产锄头、轧花机、脱粒机、碾米机以及农用水泵等农具和农用机械制造。1949年上海解放后，工厂改名为虬江机器厂，1953年又改为上海机床厂。随着中央在北京召开全国第一次工具机会议，上海机床厂被确定为机床行业"十八罗汉"之一，成为专业制造磨床的工厂。

磨床，是利用磨具对工件表面进行磨削加工的机床。作为机床的一个细分领域，磨床承担着工业零部件加工的最后一道关键工序——磨削，以此来保证工件的精度和光洁度，而工件表面的粗糙

上海机床厂厂貌

度直接关系到一个机械体系的运行平稳性和使用精度。只有拥有坚实的基础制造能力，才有可能生产出先进的装备产品，从而实现高质量产品的生产。

作为一家专业研发制造精密磨床的企业，从 20 世纪 50 年代开始，上海机床厂就承担着齿轮磨、插齿刀磨、螺纹磨、高精度外圆磨等机床的研发与制造。

新中国成立初期，经济萧条，百废待兴。与发达国家相比，我国机床行业更是存在起步晚、发展时间较短、技术相对落后等不利的情况。上海机床厂也面临着相同的情况，不容乐观。

最终，凭借着企业全体员工不断努力，上海机床厂在磨床领域交出了一份让人满意的答卷。1950 年 9 月，成功仿制虬 13 式万能工具磨床，这是新中国成立后制造成功的第一台磨床，开创了新中国制造磨床的历史。1958 年，试制成功我国第一台 Y7125 型（仿苏）高精度插齿刀磨床，这代表上海机床厂的磨床制造已由普通型发展到高精度精密型。1965 年试制成功我国第一台能做镜面磨削的 MBG1432 高精度半自动万能外圆磨床。

磨床历来被誉为机床"皇冠上的明珠"，而上海机床厂所生产的精密磨床和技术创造了多项"中国第一"，填补了国内机床领域的空白。上海机床厂也因此被誉为我国机床行业的"两颗明珠"之一。

新中国成立初期到 20 世纪 60 年代，上海机床厂一方面集中精力发展品种和高精度精密机床，一方面还向全国 18 个兄弟厂（杭州机床厂、天津机床厂、长春第一机床厂、陕西机床厂等）无偿转让技术，扩散一般磨床品种 46 种。不仅如此，在支援"三线建设"过程中，上海机床厂共抽调 2500 多名职工和 118 台精密设备内迁陕西，先后承建了秦川机床厂、汉江机床厂，援建了宝鸡液压件厂、汉江铸锻厂、宝鸡锻造厂、安徽永红机械厂等企业。

说起这段历史，上海机床厂执行董事、总经理芦华介绍道："当时全国磨床的布局，基本上一半以上是源出于上海机床厂，我们通过'三线建设'建厂的方式、技术对接的方式或者援建的方式，带动了中国大半个机床市场产业的发展。所以，上海机床厂在中国精密机床的发展历史中的地位还是比较特殊的。"

骄人的成绩，更像是一种动力，鞭策着上海机床厂继续前行。20 世纪 80 年代中后期，上海机床厂利用世界银行贷款进行合理化、现代化改造，引进并消化包括美国兰迪斯公司的外圆磨床制造技术以及德国西门子公司的磨床数控系统制造技术等在内的多项先进技术，生产出具有国际先进水平的系列数控外圆磨床和数控曲轴磨床。

20 世纪 90 年代初，我国的机床市场出现了一些变化，主要表现为机床市场疲软。随着用户、经营者、经营手段、经营方式以及需求的变化，上海机床厂的生产经营也面临着挑战。为了应对这种危机，上海机床厂在经营方面做了相应的调整，企业经历了多次机构改革重组。1996 年 5 月，上海机床厂改制为上海机床厂有限公司。2006 年，上海电气集团股份有限公司和上海电气资产管理公司的机床板块重组为上海电气机床集团，包括上海机床厂有限公司、上海重型机床厂、上海第三机床厂、上海仪表机床厂和两家海外控股公司。根据上海电气集团股份有限公司要求，2009 年，上海电气机床集团又一拆为三：上海机床厂有限公司（含两家海外控股公司）、上海重型机床厂有限公司、上海第三机床厂；2012 年上海冲剪机床厂合并到上海机床厂；2015 年上海重型机床厂有限公司合并进入上海机床厂。目前上海的国有大型机床企业就只有上海机床厂了。

2008 年，根据各家机床企业的表现，机床行业内评选出了"新十八罗汉"。这 18 家企业无论是规模还是技术，都代表了我国机床行业目前的最高水平。对比榜单，其中沈阳机床、大连机床、齐一机床（现名为齐重数控装备）、齐二机床、北京第一机床、济南一机、济南二机、重庆机床、武重机床、上海机床这 10 家企业依然榜上有名。

无论是新中国成立初期的"十八罗汉"还是新世纪的"新十八罗汉"，它们都在机床行业某一重要领域内作出了卓越的贡献，推动着机床行业不断向前发展，使得我国机床行业取得了巨大的成就。

探索创新，与一流企业同台竞技

成绩面前，上海机床厂没有停止对于机床发展新领域的探索。

《国家中长期科学和技术发展规划纲要（2006—2020 年)》确定了 16 个重大专项，这些重大专项是我国到 2020 年科技发展的重中之重。数控机床就是其中之一。按照这项工程的构想，在数控机床领域，"十一五"期间重点实施的内容和目标分别是：重点研究 2—3 种大型、高精度数控母机；开发航空、航天、船舶、汽车、能源设备等行业需要的关键高精密数控机床与基础装备；突破一批数控机床基础技术和关键共性技术，建立数控装备研发平台和人才培养基地，促进中高档数控机床发展。凭借着深厚的技术底蕴与精密制造的传统优势，上海机床厂作为牵头单位获得了 11 项"高档数控机床与基础制造装备"国家科技重大专项课题项目，并参与了其他单位牵头的 10 个项目，成为国内单体企业中获得专项课题最多的企业。

上海机床厂的制造实力也体现在极端制造上，"最大"的超重型精密数控轧辊磨床可以加工直径达 3 米，长度 18 米，重达 250 吨的工件；"最精"的纳米磨床可以实现纳米级的加工精度。

而最为人津津乐道的一个成果，则是上海机床厂通过不懈的努力为上海通用汽车有限公司（以下简称"上海通用"）发动机研发出来的专用磨床。

2016 年 4 月，由上海机床厂研发制造的"MK8220/SD 双砂轮架数控切点跟踪曲轴磨床"顺利下线，发运上海通用浦东金桥基地生产线投入生产。这也是国内第一台能够进入汽车主机厂发动机生产线的磨床。在这之前，作为汽车发动机最典型、最重要的零件之一——曲轴的生产线所用磨床一直依赖于进口。

提到这台 MK8220/SD 磨床，芦华自豪地介绍："这台机床从机械设计、电气设计、流体系统和关键的软件开发全部由我们自主研发。整机涵盖了数控曲轴磨床整机设计制造技术、在线测量装置与误差补偿技术、高效磨削工艺以及智能化专家库软件开发技术等。"

作为上海机床厂启动的"汽车发动机生产线用数控曲轴磨床、凸轮轴磨床"国家科技重大专项的一项成果，这台磨床从设计到下线历时4年多时间。但是芦华告诉记者，早在2004年，上海机床厂就开始为突破数控机床软件方面的问题而努力了。一直以来，数控系统和功能部件发展严重滞后的问题困扰着我国机床行业。相比主机技术的快速发展，高档数控系统和配套件的研发和生产还处于一个相对落后的境况。这个问题也同样困扰着上海机床厂。芦华说："要想真正把磨削原理用在曲轴的加工上，主要靠的是软件，但是国外对这个软件技术是封锁的，我们就只能自己研究。大概从2004年的时候我们就开始研究软件技术，一直到2014年才小有成就。这个过程真的可以说是十年磨一剑了。"尽管研发软件困难重重，但凭着不屈不挠的精神，上海机床厂取得了突破。不仅如此，在这个过程中，上海机床厂始终将目标锁定在国际一线磨床企业，力争打造出磨削精度与效率达到国际顶尖水平的磨床。

理想很丰满，现实很骨感。回忆起从图纸设计到产品下线的整个过程，芦华坦言："当时研发这个产品的困难非常大，超乎我们想象得大。有时甚至为了一个小小的细节，都要反复试验修改，当初为了把某项回转精度稳定地提高 1μ，整个工作团队共尝试了数十种方案，耗时近半年才最终得以实现。"

解决了精度的问题后，想象不到的困难还有很多。最大的问题是如何实现可靠性与效率的平衡。作为中国机床行业的老牌企业，上海机床厂靠磨床起家，其高精度在业内知名，然而这种精度却是靠"慢工出细活"换来的，这对于大规模的汽车制造来说，显然行不通。在汽车曲轴生产线上，没有速度也就意味着没有效率。

上海机床厂大门

那么，在保证精度的前提下，如何按照汽车生产线规定的时间内磨出曲轴，成为摆在上海机床厂员工面前的一道难题。"上海通用的生产线规定 180 秒就要磨出一根曲轴，这是一个硬性指标，我们必须要跟上这样一个节拍。为了完成 180 秒磨一根曲轴的任务，我们也是花了相当大的工夫。"芦华说。

功夫不负有心人。最终，通过全体员工的努力，一台加工圆度2μ、单档加工节拍不超过 17 秒、整根曲轴加工时间为 150 秒的MK8220/SD 磨床问世了，在经过上百个指标的一次次验证后，这台机床所有标准都满足了上海通用对加工设备的严格考核要求。

这台机床的成功制造也给了上海机床厂很大的信心。但上海机床厂在接下来的时间里却并没有急于量产这个系列的高端机床，对此，芦华道出了个中原委："我们为什么不急于制造和推广？因为我们要把产品做到最好、做到极致，把用户在使用中出现的各种问题在第二台、第三台的基础上解决掉。也就是说，我们应该有一些原创性的东西，有更接近于市场本质的东西。"

在芦华看来，身处机床制造业，最忌讳的就是浮躁。"生产真正的高端机床，靠的是研发和精益求精的工匠精神，也就是要专心，要能耐得住寂寞，不能浮躁。"

传承发展，让每个人都感知的企业文化

作为中国现代工业的发祥地，上海拥有一支庞大、高素质的产业工人队伍。20 世纪 20 年代，上海的产业工人数量已超过 50 万，占全国产业工人的 1/4。抗日战争前，上海的产业工人数量达到 100 多万。1949 年新中国成立后，产业工人队伍得到进一步扩大，产业工人的地位得到了极大的提高。这样一批庞大、高素质的产业工人队伍，既是上海这座新兴城市的精神所在，也让这个城市的工业发展走在了全国前列。

这样一批优秀的技术工人同样也为上海机床厂的发展贡献着自己的力量。20 世纪 50 年代末 60 年代初，国家制定了发展"高精度精密机床"战役。在这场战役中，上海机床厂担负着齿轮磨、插齿刀磨、螺纹磨、高精度外圆磨等的研发与制造。得益于这些有经验的技术工人，上海机床厂在磨床的研发制造中屡创佳绩。其中磨工技师张梅华长期研究超精磨削工艺，取得很大成功，后来在这个基础上，上海机床厂设计研发成功 MG1432 高精度外圆磨床，缩短了与国外的差距。

不仅如此，老一代技师们娴熟的技艺以及积累的技术经验也伴

随着生产过程不断教授给更年轻的技师们。芦华说，"我们这个特定的行当，不可能做到流水线化生产，还是要靠工人的一些特殊的技能和手艺。"

和其他行业不同的是，机床行业一直是集劳动密集、资金密集和技术密集于一身。在这个行业中，创新不仅体现在产品结构上，更重要的是体现在软实力上，比如企业效率、技术能力等。机床技术能力的提高，"人"是其中的关键因素。因为机床行业需要依赖工人长期的经验积累而发展。

正是因为认识到了"人"所发挥的重要作用，一直以来，上海机床厂在培养和传承工人技能方面下足了功夫。

1968年，根据毛泽东主席对《从上海机床厂看培养工程技术人员的道路》的调查报告所作的批示，上海机床厂创办了"七·二一"工人大学，根据本厂需要设磨床专业，从工人中选出的学员学习毕业后仍回厂工作，这为上海机床厂培养了一大批专业人才。

进入21世纪以来，上海机床厂与时俱进，持续探索和尝试制度创新，利用自身优势，加快培养需要的紧缺人才。

在干部选拔任用方面，上海机床厂为真正懂业务的人提供更多机会。芦华说，目前企业里所有的中层干部都是业务出身，熟悉机床生产的全部流程。"我们非常重视工人技能的培养，特别是技师的培养和传承。在业务上拔尖的技师，才有可能进入干部队伍。"

另外，在日常工作中，通过制定实实在在的激励措施来激发员工的积极性。毕竟只有激发起员工的工作积极性，才能创造更多价值产品。一方面，在师傅带徒弟的过程中，每一位师傅会得到相应的奖励，据芦华介绍，"带徒弟，师傅是有补贴的。而且这是荣誉，比如说你能当别人的师傅，在厂里面绝对是一个荣誉"。另一方面，对于生产线上的技师，根据技能等级也有不同的补贴。"我们的技师和高级技师每个月都有补贴。对于一些没有职称的核心人员，我们厂里面还设定了专项补贴，最高的一年可以拿到 3 万"。

超重型精密数控轧辊磨床

时至今日，上海机床厂仍然将重视工人技能的培养作为企业文化的一个重要部分。在培养人才方面，高师带徒弟依然发挥着重要的作用。芦华表示，在师傅带徒弟的过程中，每一位师傅教授给徒弟的不仅仅是技艺，更多的是把"传承精细、创新务实、追求卓越"的理念传递给每一个人。对于"精细"，上海机床厂有着自己的认识，仅仅"精细"一项，就包含了许多内容。"第一是精品，就是要做高质量、高性能的产品，要让产品件件都成为精品；第二是精密，上海机床厂的产品历来以精度立足，今后也一样在加工精度上，技术水平仍要追求领先，不管是在磨床上、车床上都要向精密方向发展；第三是精益，要传承上海机床厂在生产过程和工艺上的细致和严谨，只有在工艺和过程上的精益求精和追求完美才能制造出好产品；第四是精诚，上海机床厂的发展，既有全体员工的努力，也有市场和客户的帮助和认可，我们将继续以诚心对待客户，做好产品、做好服务，实现双赢，创造共同发展的平台。"芦华如是说，同时他还强调："这也是企业能做出精密机床或者能做到目前这种程度的一个重要保障。"

我国制造强国战略提出要加快打造一批精密、高速、高效的柔性数控机床与基础制造装备及集成制造系统，给上海机床厂带来了全新的发展机会。上海机床厂在"精品、精密、精益、精诚"这四个精的基础上，不断加大技术研发投入，从产品数字化、智能化方向开展研究和探索，并且取得了多项成就。如通过 CCD 精密测量技术和摄像机标定技术，可以减少拆装误差、实现对刀和磨削误差的补偿功能；通过 A/E 声发射传感器的应用，可以监测磨削过程、控制磨削表面质量；运用模态分析、振动测量达到优化结构设计、控制振动、提高磨削效率的效果；再比如，通过监控电流实现进给补偿，从而提高磨削效率、控制表面质量、防止表面烧伤；以及应用基于物联网的数控机床远程监控与诊断协助系统，从硬件、软件开发时引入 4G 网络，实现机床数据采集与交互。

尽管如此，芦华认为，技术的发展日新月异，市场的需求与日俱增，这更要求上海机床厂不能仅仅满足现在取得的成绩，要从更高的高度、更长远的未来规划和定位自己的发展。上海机床厂要紧紧抓住智能制造的发展趋势，变制造为"智"造，结合国家重大科技专项，研发用于精密机床主轴类零件加工的成套装备，并形成精密、高效、柔性生产线，以实现机床精密主轴柔性生产线系统集成与示范应用；要能够做到为上海电气集团内部金切机床进行数字化改造，提供可视化的跟踪手段，监控设备基本信息、检测信息、报警信息、返工及异常情况等其他信息。通过这些信息可以追溯产品的整个生产过程，可以做相应的统计分析，整合数据资源，为整个上海电气集团后续智能制造应用打下基础。

加快机床智能运维平台建设，实现包括实时监控窗口、辅助智能决策、可视化统计数据、自定义报表组成的功能；支持企业将规划接入平台的设备进行线上注册，按型号或订单号对设备进行管理维护，可实现对设备资产、排产信息、售后服务、远程监控、智能诊断等管理。

芦华还强调，在加快技术创新的同时，管理创新也要同步加强。例如，加快公司信息化平台建设，整合现有数据库和软件平台；要对公司分销服务平台进行改革，及时提供机床资讯、企业和产品的信息、服务展示、样本下载，以及在线交易，以分销渠道管理为核心建设机床互联网分销服务平台，实现产品销售工艺销售、服务销售，为用户提供更好的体验；等等。要通过对产品、运行机制的创新整合，在存货、应收和毛利率方面下大功夫，实现效益的健康、快速增长。

如今，在大型曲轴磨床、高端数控轧辊磨床、大型外圆磨床、高精度磨床方面，上海机床厂在国内企业中处于绝对领先地位。在机床行业起起伏伏的浪潮中，上海机床厂能赢得一席之地，几代人所发挥的踏实肯干、悉心耕耘和辛勤努力的工匠精神，或许就是最好的注脚。

第五篇

拓璞数控：最高梦想

焦建全

2017 年 5 月，国产大型飞机 C919 在上海浦东国际机场一跃而起，翱翔蓝天，顺利完成了首飞。C919 是中国首款按照最新国际适航标准研发的干线民用大飞机，拥有完全自主知识产权，是建设创新型国家的标志性工程。

上海拓璞数控科技股份有限公司（以下简称"拓璞数控"）为 C919 的批量生产提供了两套自主研发的智能装备，不仅如此，拓璞数控还研制出了其他高端智能装备。

与很多日本专精特新企业一样，拓璞数控研制出了世界一流的航空制造高端智能装备。就在这个车间和办公楼一体的普通厂房里，拓璞数控研制出了全球首台多轴镜像铣装备、国内首台自动钻铆设备、国内最大的重型五轴机床、五轴车铣复合数字化生产线等一系列打破西方禁运的高端装备，不仅使我国航空制造精度和效率等大幅度提升，还大大节约了制造成本，有的甚至达到了国际领先水平，而这家企业刚刚成立十年。

拓璞数控创始人、董事长王宇晗告诉记者，拓璞数控成立后历经曲折，逐渐摸索出高端定制的模式，成为先进制造系统提供商。

教授创业

创业始于 2007 年初春。刚过不惑之年的王宇晗可谓功成名就，他当时是上海交通大学机械与动力工程学院（以下简称"上交大机械学院"）研究员，还完成了多项国家"863"计划的项目、国家自然科学基金项目、上海市重大技术装备研制专项等。

然而，创业的心愿一直埋藏在心里。王宇晗不仅专注自己专业的理论和工程化研究的进展，还十分关心社会和所在行业的最新进展，对资本、管理和产业化都有关注。更为重要的是，王宇晗深感中国高端数控装备缺乏核心技术，长期受制于人的痛点。

契机来自一个硕士同学的到来。2006 年，王宇晗在南京航空航天大学读硕士时的一个具有资深的管理与投资背景的同学到上海交通大学担任教职，他年长王宇晗近十岁。两人重聚后经常讨论创业话题，他们一致认为：国家未来必然重视科技，加上资本市场的逐步发展，对科技人员创业是一个好机会。王宇晗的主要研究方向是数控技术及数控装备和复杂曲面数控加工技术，研究比较领先，还有一定的成熟度，已经有一定的实际应用价值。这项技术应成为最好选择。于是他们准备创立一个以数控装备为核心技术的公司。然后他们就开始搭建公司构架，一起来做这件事情。"我们从起步开始，理想就比较高。"王宇晗回忆。

多年以后，王宇晗清楚地记得当时他们有关创业话题的讨论会："创业实际上是改变我们的生活方式，而不是说把我们的技术

拓璞数控车间

做出来就行了；创业没那么简单，创业要比这个艰辛得多，你的生活方式会发生变化，你的所有东西都跟以前不一样"，"创业极其艰辛的程度是我们每个人都无法想象的，这不是吓你们每个人，一定要想好，创业可能会影响你们的家庭、生活、现阶段的追求"。这是拓璞数控最早的一次正式会议，也是统一思想的一次会议。

"拓璞数控"成为公司的名称。在讨论股份构成等问题后，重点讨论了公司的取名，"拓璞数控"最先被通过，它来源于英文TOP Number Control，缩写为 TOPNC，意思是要成立一家做高端的数控设备的公司，而"中文里，拓是拓展的意思，璞是璞玉，我们搞数控设备的要讲工匠精神，也要讲开拓，所以我们就起了拓璞，开拓雕琢之意。"王宇晗说。

2007 年 5 月 18 日，拓璞数控正式成立运营，然而，第二年就遭遇到了第一个低谷。

一波三折

创业艰难百战多。2008 年，由于各种原因，最初的五个创始人离开了三个，只剩下两位。然而，王宇晗对创业有充分的思想准备："创业怎么会失败呢？创业不会失败，如果你创业，发现困难，你就放弃了，那当然是失败了，你一直做下去，怎么会失败呢？创业不存在失败，只存在放弃，没有失败这个概念。"

王宇晗重新搭建了公司架构，2008 年底，他找到了在一家机床工具集团已退休的常务副总裁担任总经理。

2009 年，拓璞数控终于研制出了自己的第一台数控机床——五轴机床，主创人员带着自己的第一件产品满怀希望地去参加行业展览会。然而，这件产品却没有人订购。

但是，就是在这次展会上，拓璞数控抓住了机会。当时，有个公司问他们，能否生产一种专用设备，解决钻铆问题？整个加工体有 10 万多个铆钉，铆钉品种有 60 多种，钻孔工作量很大、噪声大、非常复杂。当时，钻孔需要人工，有十几道工序，工人工作强度高，效率非常低。根据以往的项目经验，拓璞数控判断可以解决这一问题。最终，拓璞数控研制出国内首台自动钻铆设备，实现了钻孔、送钉、铆接、墩头铣平自动化，效率非常高。

拓璞数控第一个产品价格虽然只有 200 多万元，没赚多少钱，但凭借这台定制的设备，拓璞数控逐渐打开了定制市场。

2009 年，拓璞数控终于迎来了有营业收入的第一个财年，当年营收 300 多万元。2010 年，拓璞数控营收有 1000 多万元。2011 年，由于技术投入很高，拓璞数控进行了首轮融资，融到了 1500 万元，然而，没想到 1500 万元刚到手，困境就来了。

拓璞数控步子迈得太大了。公司招了很多的人，开始往五轴机床研发技术发起新冲锋。然而，仅仅两个月后，拓璞数控的现金流几乎断流，到 2011 年底，公司陷入困境，2012 年春节前，几乎弹尽粮绝。王宇晗和拓璞数控遇到了公司创立以来的第二次低谷。供应商为了要钱，开卡车把拓璞数控的工厂大门给堵上，还有的拿链条把工厂门给锁起来，还有人派十几个工人到拓璞数控会议室，坐着不肯走。

拓璞数控在财务管理上学到重要一课。"很快我们就明白了，钱不能这么花，重新换财务总监，把财务管理好，按计划给供应商付款。"王宇晗说。

王宇晗和所有的股东、高管共担风险，积极应对。反复和供应商说明："我们订单有，但是我们现金花完了。"拓璞数控所有股东、高管还从自己的口袋里面拿出很多钱，共渡难关。经过多方努力，拓璞数控终于走出困境。

高端定制

2012 年开始，拓璞数控逐渐在高端定制市场打开局面。拓璞数控的商业模式也逐渐明确。拓璞数控发现，先进制造业需要定制化设计，解决客户的特殊化需求；更需要强大的工艺技术服务，解决客户复杂系统的快速应用问题。拓璞数控开始形成"高端定制设备＋工艺软件服务"的商业模式。

然而，高端定制设备有更高的要求：需要有很好的和用户沟通的能力，要有前期的复杂技术的整合能力和随之而来的定制设备的快速设计生产、安装调试等能力。后来，拓璞数控将它概括为"理论创新——技术平台与产品设计——先进加工工艺与服务——产品运维、解决方案一体化"的高端定制模式。

王宇晗称之为"看不到生产线"的轻资产模式。拓璞数控负责装配、组装、调试等工作，产能靠长三角的供应链保证，"哪怕我们做大了，做成上市公司后仍然是这样的模式。"

产品特殊性是高端。"我们虽然生产的是机械装备，但机械本身所占成本的比重不是最高的，这是我们跟国内很多数控机床厂不一样的地方。所谓的高端，除了机械装备以外，还要在控制技术、测量技术、工艺软件方面形成系统开发能力，我们一般将提供给客户的高端装备称为某某系统。"王宇晗说。

高端复杂的系统级产品正是拓璞数控的竞争力所在。拓璞数控技术人员里有 40% 的机械设计人员，有 60% 的人搞软件、控制和测试。正如高端智能手机，它的硬件其实很便宜，但是它的软件占的比重非常高，包括它的平台和操作系统，这也是高端智能装备一个最重要的特点。

五轴机床的动态精度测试突破是一个典型的例子。五轴机床被称为机床制造业的皇冠，是一种专门用于加工复杂曲面的机床，这种机床对科研、精密器械、高精医疗设备等行业有着举足轻重的影响力，是解决叶轮、叶片、船用螺旋桨、重型发电机转子、汽轮机转子、大型柴油机曲轴等加工的唯一手段。

五轴机床加工产品质量、效率的关键是机床的动态精度，其检测也是一个复杂的国际难题。

2015 年，拓璞数控钟磊团队经过多年研发，在国内首次提出五轴机床整机性能检测与优化体系，然而，遗憾的是，同年年底德国人也做出来了，德国人的专利意识特别强，很快发表了研究成果，还成为国际标准。

拓璞数控与国际标准失之交臂，很是可惜。然而，拓璞数控仍然获得了国际同行的尊重。英国诺丁汉大学的一位做发动机制造研究的教授和一位加拿大皇家科学院院士，两位都是制造行业的泰斗级人物，他们曾到拓璞数控做过学术交流。

钟磊团队提出的整机性能检测与优化体系，促进了拓璞数控五轴机床产品质量的快速提升，尤其是在五轴联动的基础上开发了十轴联动设备。

研发激励

拓璞数控不仅摘得数码机床制造业皇冠上的"明珠"，还在大型搅拌摩擦焊接技术上获得重大突破。目前，拓璞数控拥有了向航空、汽车制造、轨道交通、船舶重工等高端制造业提供高端装备与技术定制化服务的能力，完成了核心智能制造四大板块的定制化标准化设计和推广，包括五轴联动数控加工设备、自动钻铆设备、大型搅拌摩擦焊接和数字化自动化生产线等四大产品方案。针对公司现有的四大产品方向，拓璞数控有实力雄厚的四大研发团队，从基础理论的研究到技术平台的建立，最后创造出完善成熟的系列化产品，填补了多项国内技术空白，这些与拓璞数控技术团队的努力紧密相关。

钟磊团队是较为突出的典型。钟磊团队在五轴机床整机性能检测与优化体系调试时，几乎参考了国内外所有的研究论文、专利，反复调试，最后形成了相对比较完整的一套检测和优化的流程。现在，拓璞数控加工涡轮增压器的小叶轮的五轴机床的速度从 30 多分钟提高到 5 分钟以内，五轴联动时精度达到 0.02 毫米。

女工程师钟柳春带领的团队是另外一个典型。钟柳春团队在特殊工艺软件开发中有突出贡献，2012 年春，钟柳春硕士毕业后很快投入到五轴工艺软件的开发调试工作，国庆节还加班加点，攻克一个又一个的工艺细节。

"正向牵引对研发团队非常有效。"拓璞数控技术总监毕庆贞告诉记者。一是让整个研发团队有一种自豪感或者目标感。二是研发技术一定是领先这个行业的，领先才要去做。三是要有非常清晰的

高速双头壁板网格龙门铣床

客户目标，研发出来给谁使用，而且一定要客户使用后非常满意。

"实行内部知识产权制度，使研发成果与个人的成长和收入挂钩，"毕庆贞告诉记者，"研发人员研发出来产品后，只要你在公司工作，就可以一直从中获得长期的收益。"

创新奖是激励机制的一个具体体现，也是拓璞数控全公司最为看重的奖项。每次评选都由董事长、总经理、技术总监等几个人一起评定。创新奖有三项强制要求：国内唯一；行业领先；给客户加工出一个正式产品，保证技术确能帮客户解决问题。钟磊和钟柳春都是创新奖获得者。

拓璞数控不但注重高端装备的制造，还关注基础理论的研究和积累，先后与上海飞机制造有限公司、上海交通大学联合成立特种数控加工工艺及装备联合工程中心，共同完成基础理论平台的建立和数据共享。

无虑管理

拓璞数控的"轻资产"模式需要和近百家供应商协同合作，这对管理提出新挑战。

拓璞数控总经理刘钢介绍，自 2013 年，拓璞数控开始采用 EOS 管理系统，经过一年的学习，2015 年全面应用推广。

王宇晗告诉记者，这个系统中文可以称为"无虑管理系统"，比较适合小型企业。第一个特点是自下而上的层级管理制度，包括层会制度和流程制度。层会制度是每天上班时班组先开会，每个班组站在自己看板前开会，时间 5 到 10 分钟，保持开会效率。然后，组长参加部门会议，站着开 15 分钟左右。中午部门负责人和管理层开半个小时会，形成总经理看板。层会制度的核心就是快速处理问题。

流程制度是从下往上推动的管理模式。指令不是从领导往下传达的，而是倒过来，从下给领导安排工作，所以管理层的重点是解决各部门提出来的问题，工作安排规划是按周安排，推动者是中层。所有员工，包括董事长、总经理，都是流程上的节点，如果节点耽误，将追责中层的流程管理人员。所以无论董事长、总经理到哪儿，即使在国外，流程人员也要时刻追着董事长、总经理。

无虑管理系统的第二个特点就是看板，就是开会之前你必须把你自己的那块板写好，做会前准备，写好后按照你写的讲，不允许空手讲，必须得写上，这就是有效传递，这样做会议的交互效果既好又快。

在总经理办公室，记者看到了总经理的看板。拓璞数控总经理办公室与众不同，它实际上是一个会议室。最引人注意的是前面是一块巨大的白板，上面有十几个小型统计图，在统计图的行列里，有少数的指标被涂成黄色，极个别被涂成红色。"红色表示已经出问题，现在还没有拿出任何的解决方案；黄色表示预警，连续预警就要升级成红色；空白的地方表示不能变，如财务和销售，"刘钢告诉记者，通过这套管理制度，实现了"自己对自己负责、自己管理自己"。

供应商管理方面也向前延伸。采购方面最大的问题就是质量控制，拓璞数控有大量的工艺人员和检验人员，一方面把检验人员都派到供应商那里，直接在现场检验，严格控制质量。另一方面，拓璞数控工艺团队不是把图纸交给供应商就行，而是许多生产工艺必须按照拓璞数控的要求做。高端定制装备交付周期和质量控制两个大问题在拓璞数控得以解决，拓璞数控的交付周期至少比进口的设备快一倍。通过与供应商合作，拓璞数控不仅带动了上海及上海周边装备制造业的发展，还带动了整个供应链环节上的企业的技术水平提升。

未来梦想

2018年春节后，拓璞数控订单连连。持续不断的订单，需要更大的产能。拓璞数控需要新的发展空间，解决产能不足问题。

王宇晗告诉记者，拓璞数控新址厂房已完工。新址将建成以航空、轨道交通、汽车为主要市场的高端智能制造技术及装备总部中心基地。包括：具有基础研究及核心技术平台开发的技术创新和产品设计中心，联合国内著名大学和主要用户建成了核心精密零部件制造和总装示范中心，高端检测和全球服务中心。

另一个更大的喜讯是拓璞数控已完成对德国 EEW-PROTEC 公司的控股收购。EEW-PROTEC 公司的加入，使拓璞数控在高速五轴机床舞台上又增加了新的利器。EEW-PROTEC 公司采用轻量化设计，把五轴龙门机床的速度和加工效率提升到极致，为用户提供世界上速度最快、能耗低、易维护、高加速的五轴龙门加工设备。从高速五轴铣削、大跨度焊接到高速水切割等不同的技术领域，为用户生产提供所需的高速五轴加工产品。

此外，拓璞数控在江苏靖江市经济技术开发区的零部件精密制造项目正在落地当中。靖江项目主要是用拓璞数控的技术去推动，以技术为中心的零部件的制造基地，厂房已开始建设。

国家对制造强国战略已经制定目标。拓璞数控也有自己的愿景目标。8 年后，拓璞数控将建设成为具有自主创新研发能力的国际一流企业和产业联盟，成为航空、轨道交通、汽车等行业核心重大装备主要供应商，并成为国际市场著名的供应商和先进制造业融资创业平台。

经过 2011 年、2015 年引进资金、引进人才和 2016 年股份制改制，一批更年轻的人才聚集在董事长王宇晗周围，1977 年出生的总经理刘钢博士就是在 2011 年来到拓璞数控，还有 1979 年出生的毕庆贞博士，而硕士毕业的钟磊和钟柳春则更年轻，都是 85 后，形成了以上交大为主体、兼容并包的人才队伍。

刚过知天命之年的王宇晗也深刻体会到作为大学教授和企业家社会责任感的不同。

对中国制造业，王宇晗认为：我们国家现在已在全球形成了一个最大优势，是量的优势。经过这么多年，中国人才的量也上来了，如果社会观念和税收、金融等政策更利于民营制造业升级创新，中国制造业升级创新就可以爆发式发展，实现质变，实现真正的中国领先的智造梦想。

第六篇

上工申贝：轻工老品牌涅槃重生

陈　曦

　　20 世纪 70—80 年代，"三转一响"是许多家庭期望拥有的物品，也是许多年轻人结婚所必备的四大件，缝纫机就是其中之一。为了满足人民的需要，我国家用缝纫机的生产在 80 年代初期迅速扩大，也带动了我国缝制机械总产能的剧烈扩张。1982 年，我国创造了缝纫机年产量的世界最高纪录 1286 万架（其中工业机 33.7 万架），占当时世界总产量（2411.2 万架）的 53.3%。在这 1000 多万架的国产家用缝纫机中，"蝴蝶牌"无疑是众多品牌中的翘楚、家喻户晓的明星，当时家家户户都以拥有一台"蝴蝶牌"缝纫机为荣。

　　然而，随着我国服装产业的快速发展以及人民生活水平的提高，购买成衣变得简单而实惠，家用缝纫机的需求量大减，供不应求的局面逐渐转变成销售受阻，缝纫机逐渐从家庭必备品的清单中消失。

　　到了 21 世纪，家用缝纫机已经不再是人们记忆中的那个黑色脚踩老式机器，造型美观、性能优良的多功能电动家用缝纫机占据着国内和国际市场，备受人们喜爱。家用缝纫机以一种全新的模样在人们的生活中继续扮演着重要角色。与此同时，我国工业缝纫机制造行业逐渐发展壮大。平缝机、包缝机等标准型主流产品的销量维持良好态势；特种机的品种更加广泛，质量也大幅提高。

上工申贝（集团）股份有限公司（以下简称"上工申贝"），是曾经家喻户晓的"蝴蝶牌"缝纫机制造商。上工申贝的前身上海工业缝纫机厂成立于 1965 年，是中国最早的专业化生产工业缝纫机的企业之一；1993 年改制上市，发行 A、B 股股票，成为行业内最早的上市公司；2005 年与上海申贝办公机械有限公司合并更名为上工申贝（集团）股份有限公司。回顾 50 多年的发展历程，上工申贝作为中国第一家缝纫机制造商，曾创造过辉煌，也走入过低谷。

用缝纫机做飞机结构件

任何一家"隐形冠军"企业，都必须具备两个特点：优秀的技术实力和赢利能力。

十几年前，上工申贝为摆脱缝制机械行业低价恶性竞争的局面，制定了走"精品化、智能化、差异化"道路的经营发展战略。这一战略使上工申贝的技术实力大大提升，稳固了业内地位。

航空航天产品的制造一直都屹立在制造业的金字塔塔尖。航空航天产品一方面要求重量轻，另一方面又要求结实耐用。更重要的是，航空航天产品必须保证 100% 的高质量，一旦稍有差池，就可能面临巨大的人员和财产损失。而上工申贝作为一家缝制机械制造商，在航空领域设备制造商中也颇有名气。中国的飞机制造商，几乎每一家都购买过上工申贝的工业缝纫机。

上工申贝外景图

　　为什么飞机制造商需要采购工业缝纫机呢？飞机的舱门、尾翼多采用碳素纤维制成，如飞机的舱门由于多次开关会受到多次撞击，因此需要兼具轻质且耐撞两种特性。波音 747、空客 350 等大型飞机 50% 以上的结构件，尤其是舱门、尾翼等部分，一定会用碳素纤维制造。上工申贝最前沿的 3D 缝纫技术就适用于碳素纤维飞机结构件的制造，通过一个安装缝纫机头的多轴机械臂，从多个角度进行碳素纤维结构件的缝合，类似于汽车制造中对车身的焊接。3D 缝纫技术能够将碳素纤维缝合在一起，然后在真空处理车间注入树脂，再高温硬化。该工艺为上工申贝旗下德国凯尔曼（KSL）分公司首创，为此，波音公司为 KSL 颁发了年度工艺创新大奖。

　　上工申贝董事长兼总裁张敏介绍，用于航空航天碳素纤维加工的工艺叫链矢缝，也就是自动回缝。"这种技术类似于老式的手工纳鞋底，一针一线细密地缝制在一起，千针万线扎在一起，韧性甚至比钢铁还要好，就算是磨破一两根也没关系。我们利用这个原理，一层一层地把材料压紧，再注入树脂。由于这种工艺更加方便高效，替代了用铆钉预埋或者钻孔的加工工艺，从此揭开了工业缝纫机在航空制造领域应用的新篇章。"

现在，上工申贝的产品不仅能够应用在服装、箱包、制鞋等传统行业，还大大拓展其他应用领域，比如汽车座椅、安全气囊、顶棚等的缝制都有涉猎。张敏说："在汽车内饰件缝纫领域，上工申贝的产品系列完整，基本覆盖市场需求，同时在技术上达到世界顶尖水平，市场占有率也是世界最高。通过中外结合，上工申贝在柔性材料的缝纫加工领域深度研发，在汽车内饰件等市场取得了很好的成绩。"事实确实如此，全球的中高端汽车座椅几乎 90% 都由上工申贝旗下的品牌缝纫机缝制。

四次出手成就国际一流企业

张敏所说的中外结合，正是近十多年来上工申贝得以走出低谷的制胜法宝。"如果没有走出去，如果不把提高供给体系的质量作为主攻方向，就没有上工申贝的今天。"张敏如是说。

习近平总书记在党的十九大报告中，站在新的历史起点上，高瞻远瞩，审时度势，对建设现代化经济体系作出了全面部署。建设现代化经济体系，其中很关键的一条，就是要利用好国际国内两个市场两种资源。

上工申贝的全球化发展正如报告所述，它站在一个新的角度上，审时度势，充分利用了国际国内两种资源。

2004年，时任上海申贝办公机械公司总经理的张敏临危受命，调任上工集团党委书记、董事长。这时候的上工集团已经千疮百孔，国内行业排名跌出前十，主业严重亏损，只能靠卖资产勉强支撑。而张敏履新后的第一个项目，就是并购一家亏损已久的德国老牌缝纫机企业——杜克普爱华股份公司。当时，上工集团与申贝公司刚刚合并，新合并的上工申贝的资金并不宽裕，而一家亏损企业跨国收购另一家亏损企业，稍有不慎，已经危如累卵的上工申贝可能会雪上加霜，更加困难。

张敏面对的压力可想而知。但同时，他也深知，拯救这样一个负担沉重的老国企，必须下一剂猛药。这剂猛药，就是要把企业从低端市场的竞争中拉出来，在高端市场上一展拳脚。张敏回忆，"收购德国杜克普爱华股份公司，原因是杜克普爱华拥有全球领先的自动缝纫单元和中厚料缝纫机等产品技术，这些正是上工申贝所欠缺的，也符合市场需求的发展趋势。"

收购完成后，通过对杜克普爱华公司和其他国内子公司的整合，上工申贝的生产经营出现了令人惊喜的增长。毫无疑问，上工申贝的第一次跨国并购是成功的，它带来了先进的技术和经营理念，也让企业的思考方式更加开放、灵活，上工申贝从此开始全球化经营之路。

上工申贝收购杜克普爱华后，德国的研发人员建议，公司中厚料缝纫机品质繁多、成本很高，应该研发一个全新的、一体化的产品平台，将所有机型整合到同一平台上，从而实现绝大部分零部件的通用化，可以大大节约成本。张敏看到这份研究建议报告，研发预算是2000多万欧元，这对当时的上工申贝而言，无疑是一个天文数字。

虽然搭建平台投资庞大，但无疑是一次技术革命。经过反复调研，张敏决定研发这一命名为 M-TYPE 的技术平台，并对预算进行了合理调整。5 年之后，M-TYPE 技术平台上所有机型终于研发成功。这个平台是全球缝纫机行业的首创，它使中厚料机产品的成本降低了 20%，随后上海制造的 DAC 平台化电控系统又使成本再降 20%，产品竞争力大大增强，自此占据了欧美和中国汽车内饰件加工高端市场的主要份额。目前，上工申贝旗下德国子公司杜克普爱华的利润，几乎一半来自这个平台。现在，上工申贝已经着手开发第三代 M-TYPE 的技术平台，遥遥领先于全球其他缝纫机制造企业。

上工申贝 KSL 产品

2013 年，上工申贝再次上演了一场惊心动魄的收购大戏——收购欧洲最大的缝纫机制造企业——百年缝制老店百福工业公司。

收购之后，上工申贝获取了百福工业的技术资源，同时减少了竞争对手，使杜克普爱华与百福工业这两家百年对手，成为上工申贝旗下的兄弟公司。通过强有力的整合重组，上工申贝对两家企业的重叠业务进行了优化，使上工申贝在欧洲的赢利能力得以成倍增长。

同年，上工申贝又收购了德国创新缝制应用技术企业 KSL 特种机械制造公司，吸收了其世界领先的缝纫机器人技术。收购之后，上工申贝的产品与缝纫机器人技术有机结合，市场应用领域开始向航空航天、环保、风能等新兴产业拓展。

2015 年，上工申贝投资德国另一家百年老店 Stoll 公司，成为其第一大有限合伙人。Stoll 公司在全球编织横机行业中的地位举足轻重，上工申贝入主后，推动 Stoll 公司与耐克、阿迪达斯在运动鞋面编织加工领域进行技术开发与创新，使其获得了较大的盈利空间，为上工申贝赢得了新的市场。

从 2004 年开始，上工申贝在德国的四次投资并购，通过资本运作，赢得了技术、品牌和市场，实现完美逆袭。

张敏说，上工申贝利用国际国内两种市场资源，通过并购先进技术与经验，在更高水平上融入全球分工体系，对接国际上处于价值链中高端的技术、管理、营销渠道、品牌、人才等优质因素，使百年民族工业品牌浴火重生。

很多跨国并购遇到的一个难题是文化的冲突。对此，张敏有独特的见解："如何去领导德国的企业，如何去领导美国的销售公司，难道要用中国的文化去统一他们的文化吗？这不可能，也不可行，中国有中国的文化，德国有德国的文化，很难去统一。但是，我们可以搁置文化差异，统一企业经营理念。我告诉公司的中外员工，我们必须一切以市场导向为核心，我们是在经营企业，必须坚持创新，效益优先。只要做到'市场导向、效益优先'，我们的企业就将一直行走在不断超越巅峰的道路上。"

上工申贝搁置双方文化不同的问题，让中外员工都接受"市场导向、效益优先"的统一经营理念，达到"赶超全球机械缝制行业第一"的目标和"连接你我，缝制未来"的企业愿景。将中国制造"对市场反应快速、处理问题灵活机动"的优点与德国制造"尊重科学、讲究实用、注重细节、精益求精"的优点有机结合，形成了上工申贝独特的企业文化。

梯度生产布局加强核心竞争力

上工申贝把缝纫机这个"夕阳产业"做成"朝阳产业"的另一件法宝是梯度生产布局。

张敏说，通过收购兼并发展起来的企业，必须对收购的众多品牌进行整合，明确定位，避免旗下品牌相互竞争而产生内耗。如果还是让收购的企业各自为政，那相互之间必然会产生冲突，不利于整体发展。比如我们通过大力实施整合，实现了所有的销售归平台统一管理。

多次连环并购让上工申贝具备了技术领先和销售网络全球化两个核心竞争力。而在制造环节上，上工申贝则通过对并购公司进行整合以及优化生产布局来实现竞争力的提升。

上海是上工申贝的大本营，德国是上工申贝研发的前沿阵地。这两个地方虽然是先进的制造业聚集区，但也有各自的缺点。从人力成本到房租厂租，上海和德国的各项成本都非常昂贵。如果从事劳动密集型产业，在这两个地方进行制造，那产品的成本就太高了。

　　于是，在欧洲，上工申贝按照人力成本水平对欧洲工厂布局进行了梯度调整。大批量零部件一部分从制造业发达的中国采购，一部分由罗马尼亚工厂负责制造；捷克工厂负责制造缝纫机机头；德国工厂负责总装集成，最后贴牌"德国制造"。这就是上工申贝独创的梯度制造布局。成本最高的德国只做集成，并负责质量和技术的严格把控，上工申贝不允许旗下的任何德国企业从事附加值较低的零部件制造。

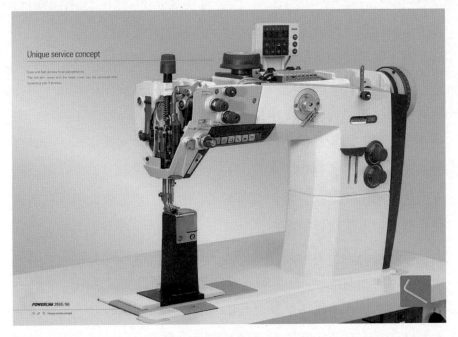

上工申贝 PFAFF2595 缝纫机

　　而在中国，张敏介绍，上工申贝的两个核心——研发和销售在上海，生产制造在成本较低的其他省份，形成了上工申贝独特的上海制造模式。张家港生产基地负责零部件的制造，南翔生产基地负责自动缝制单元、电控器的制造，台州生产基地负责标准智能型缝纫机的制造。梯度布局是上工申贝的一个主要撒手锏，这使旗下每个企业都能够营利。再通过全球统一的市场营销管理，使各个企业的销售网络不发生冲突。同时，旗下企业研发新的技术必须要通过上工申贝技术中心的审核，如果前景不被看好，就不会批准预算。

目前，上工申贝已经形成了欧亚生产梯度布局，拥有分布在中国、德国、捷克、罗马尼亚等国家的10家工厂，构建了以上工申贝技术研发中心为主体的全球化协作研发体系，打造了研发和营销"两头在沪"，生产"中间在外"的经营模式，统一了市场营销管理，占据了全球领先的技术地位，实现了产品的升级换代。

上工申贝所服务的领域从最传统的服装鞋帽拓展到汽车和航空航天，占据了行业的高端市场，赢得了全球的高端客户，几乎99%的奢侈品品牌，都用上工申贝的缝纫机做产品，包括雨果博斯、杰尼亚、阿玛尼、爱马仕、路易威登、香奈尔等。在汽车行业，有奔驰、宝马、奥迪、通用、上汽、一汽等高端汽车制造商；在航空航天工业领域，波音、空客、中国商飞、中航工业等超大型飞机制造企业都成为上工申贝的客户。

现在，上工申贝的国际地位大大提升：产销规模上处于全国领先和全球前三的地位；在自动缝制技术领域更是全球第一。

张敏坚信，未来一定是大数据的时代。重回巅峰的上工申贝把下一个目标放在智能制造上。通过平台化和模块化设计，上工申贝研发出了为飞机结构件、汽车内饰件和皮革工业配套的智能化缝纫工艺设备。同时，在服装加工领域，上工申贝也陆续开发出西服、衬衫、西裤以及牛仔裤自动缝制单元，适应了服装机械增长趋缓，产品需求出现结构调整的新常态。

在 2015 年，上工申贝提出向"工业 4.0"迈进，并将其称为"AMS"。A 就是指自动化，M 就是指模块化，S 就是指智能化。只有实现了自动化、模块化和智能化，才能实现"工业 4.0"的应用。目前，上工申贝中外研发团队合力进行的智能制造在缝制设备应用上的研发已取得初步成果。上工申贝技术中心也被认定为上海市企业技术中心。

2019 年是"蝴蝶牌"的百年华诞。百年沉浮让上工申贝更加沉着冷静。未来，上工申贝将在智能制造等相关领域深入探索，通过进一步并购补充产品链，逐步形成以缝制设备为主体的相关产品研发、生产和销售完备的产业链。

作为中国轻工老品牌，上工申贝的涅槃重生见证了我国缝制机械行业的起起伏伏，也向世界证明了"中国制造"可以变成"中国智造"。

第七篇

上汽变速器：在变革中创造辉煌

王志琴

2018 年 4 月 24 日，日本爱信精机株式会社旗下的爱信 AW 株式会社（以下简称"爱信"）与国内两家自主整车厂——广汽乘用车和吉利汽车分别签署合资协议，成立合资公司。两家新合资公司均计划在 2020 年投产，总计投产 80 万台 6AT 变速器，再加上天津艾达自动变速器公司的扩产计划以及唐山爱信齿轮有限责任公司项目，爱信一口气追加产能 150 万台。

一石激起千层浪。作为全球自动变速器三大巨头之一，爱信在中国扩产的消息一经传出，立刻在业内引起不小的争议。

其中一种观点认为中国自主变速器市场会随着爱信的到来而全军覆没。因此建议要站在保护国家产业安全的高度来采取行动，法律手段和国家行政手段、市场化手段同时并举。

而另一种观点则认为不要对爱信的扩产表现得如同惊弓之鸟，要勇敢接受挑战，变压力为动力。在持这种观点的人当中，钱向阳就是其中一位。作为上海汽车变速器有限公司（以下简称"上汽变速器"）的总经理，钱向阳对于爱信扩产一事，表现得十分淡定。他说："对于爱信扩产，我认为也不是那么悲观的事情，没必要小题大做，更不要恐惧。现在国内的情况跟以前大不一样，所以我们也看得比较透了，最重要的还是要管好自己、做好自己。竞争力是踏踏实实打磨出来的，把自己的事做好，把自己的企业发展起来，这才是最好的要求和目标。"

自信而笃定的话语背后有着足够的底气来支撑，而这份底气则是来自企业在近百年的历史长河中的一次次变革。每一次变革，都如同凤凰涅槃，让这个企业不断突破自我。

第一次创业在改革开放中崛起

1901 年，上海街头首次出现两辆奥斯摩比尔汽车，上海因此成为中国最早使用汽车的城市。到了 20 世纪 40 年代，上海已有 3 万辆汽车，品牌遍及世界主要汽车厂商。随着国外汽车的进入，上海汽车修配业逐步发展起来，最早建立的一批厂家中就包括上汽变速器的前身——郑兴泰汽配厂。

1925 年，郑兴泰汽配厂创立。彼时，令世人没有想到的是这个企业在随后近百年的岁月中一次又一次在变速器领域创造着奇迹。

新中国成立后，这家企业主要为上海轿车配套生产变速器；1952 年初，它成功制造出我国第一批轿车变速器。之后在 20 世纪 90 年代，上汽变速器通过自身的努力，成功实现了为上海大众桑塔纳配套。这不仅成就了上汽变速器的十年辉煌，同时也成就了这个企业的"第一次创业"。

作为中国首款合资生产的轿车，桑塔纳承载了人们对车的太多印象。桑塔纳不仅是一代人的回忆，更是中国汽车市场30年间转变的见证者。

1984年10月，中德双方在北京人民大会堂举行了合营合同签字仪式。第二年，上海大众汽车有限公司（以下简称"上海大众"）正式成立。然而在1984年后的很长一段时间里桑塔纳虽然产地在中国，但除了蓄电池、天线等极少数零件外，几乎所有零部件都没能国产化。

1986年，我国政府正式把汽车工业列为支柱产业，并确定了发展轿车工业要"高起点、大批量、专业化"的原则，中国在轿车生产方面走上了通过合资引进技术的道路。桑塔纳国产化被上海市政府当成一件大事。1987年上海市启动了桑塔纳国产化项目，向中央政府立下了3年内国产化率达到60%的军令状，并在随后成立了上海桑塔纳轿车国产化共同体。

上汽变速器决定抓住这个大好机会，在全体员工的不懈努力下，历时一年多的桑塔纳变速器项目花落上汽变速器，"变速人"

将命运掌握在了自己的手中。

虽然中德双方已经确定了品牌和车型，但在实际生产中要解决的问题太多。由于缺少生产汽车零部件的生产线，如何生产桑塔纳所需要的变速器，这个问题把上汽变速器难住了。面对德国厂商近乎严苛的要求，如何生产出符合标准的产品，是企业当时重中之重的大事。

上汽变速器并没有被眼前的困难吓倒。为了生产出合格的变速器，该企业的全体员工一方面努力提升着自身的技能，一方面向先进的同行学习。几经努力，他们从大众汽车卡塞尔（Kassel）工厂引进了一条二手设备线。靠着不断消化吸收和改进提升，最终生产出质量可靠的变速器。1990 年 12 月，上汽变速器完成了 2000 台国产化桑塔纳变速箱的生产，且经鉴定性能良好，符合上海大众要求，这标志着上汽变速器已具备批产交付能力。到了 1993 年，上汽变速器当年就完成了 10 万台变速箱的生产供货，这一年的工业总产值达到 7.36 亿元，利税总额 2.55 亿元，向上级公司递交了一份满意的答卷。

作为桑塔纳轿车变速器唯一的配套厂家，上汽变速器也随着上海大众的快速发展，取得了十年辉煌的成绩，这十年也因此被称为上汽变速器历史上的"第一次创业"。

在这段时间里，上汽变速器并没有停止前进的脚步，而是不断向业外拓展业务。1991 年，大学刚一毕业，钱向阳就来到这家企业工作，至今为企业服务已经有 27 年。在钱向阳的记忆中，"第一次创业"阶段很重要。他指出："这一阶段的研发和制造，我们称为是'第一次创业'，就是因为解决了我们的产品从无到有，从单一产品小批量生产到规模化的问题。"

第二次创业在自主研发中蜕变

当时间进入 21 世纪时，不断求新求变的上汽变速器迎来了企业的"第二次创业"。这一次，上汽变速器开始向拥有完全自主知识产权的自动变速器领域发起挑战。

汽车变速器，特别是自动变速器，一直以来是国内零部件行业的短板所在。长期以来，国际上的大牌零部件供应商，一直坚持实行针对中国的技术封锁。对中国的汽车零部件企业而言，由于对核心技术的把控能力比较薄弱，发展历程十分艰难。早些年，国产自主汽车品牌对于汽车核心技术经验几乎为零，只能靠购买外资车企的部件才能把汽车完整地组装出来。后来即使是合资建厂，合资企业也往往沦落为制造工厂，而根本没有研发设计能力。要想突破，就必须要自己掌握核心技术，将核心技术掌握在自己手中。这不仅能够带来经济效益，而且能使中国汽车行业在世界汽车行业中的地位更加稳固。

因为预见到在未来的汽车行业中，自动变速箱将会代替手动变速箱成为主流，上汽变速器便开始逐渐将企业的资源和精力更多地转到了自动变速器上来。

2002 年 9 月，上汽变速器为上海通用配套生产的国家重点技术改造项目——4T65E（四挡电控自动变速器）项目顺利通过验收，这是当时国内技术含量最高的自动变速器之一。可以说这个项目的实施，填补了国内自动变速器核心部件生产的技术空白。

不仅如此，在 2005 年上汽变速器就开始着手开发 DCT（双离合器变速器）项目的准备工作。2006 年，在上汽集团高层领导及

上汽变速器航拍全景

相关职能部门的大力支持下，借着上汽自主品牌汽车项目启动的契机，自动变速器自主研发正式立项。随后，上汽变速器和德国 GIF 设计公司联手开发自动变速器。

2009 年 9 月，上汽变速器首台具有完全自主知识产权的 DCT 样机面世。2013 年，DCT360 双离合器自动变速器成功下线，这标志着上汽变速器已具备了自主研发和制造双离合自动变速器的能力，实现了产品型谱从手动变速器到自动变速器的历史性转型。在自主研发变速器的大潮中，上汽变速器成为我国第一家真正拥有完全自主知识产权的汽车双离合自动变速器企业。

能取得这样的成绩，钱向阳认为这和上汽变速器长期以来在关键技术领域的投入和突破是分不开的。"技术是需要不断积累的，不要相信一夜能超越。"

从早期借鉴别人的技术，到如今拥有自主产权的变速器，其中要克服的困难太多。自动变速器是一个非常复杂的产品，双离合变速器包括两大核心部分，也就是双离合器模块和变速器大脑 TCU，由于国外技术出口限制，把自动变速器做出来实在是太难了。从换挡逻辑到齿轮的契合度等都需要认真考虑，因为它们不仅会影响操控感，还会影响整车性能，而且在技术的突破上往往是牵一发而动全身，如果要在自动变速器上增加一个挡位，那就意味着必须重新开发全套软硬件。

对于起步较晚的中国汽车行业来说，因为缺人才也缺基础数据，一切还都在探索阶段。只有敢于挑战，迎难而上，才有可能突破这个难题。这一点，钱向阳的体会尤其深刻。"我们在研发过程中碰到很多困难，自动变速器涉及太多核心技术，从总成的硬件、软件到具体的零部件，都需要核心技术，这些怎么办？就要靠自己去钻研，去攻克技术高地。"

在这个过程中，对软件的开发更是被认为是重中之重。对此，钱向阳表示："我们也一直在考虑未来靠什么'吃饭'？肯定是靠软件吃饭。谁能够抓住软件开发的能力，谁就能够活下去。在软件上具有自主研发能力，那才是最核心的能力，如果你做到了，你就会站在技术制高点上。"

经过数年的砥砺奋战，由上汽变速器自主研发的 DCT360 不仅成功配套上汽集团，还先后为上汽通用五菱、众泰汽车、长丰猎豹、东南汽车等多家业内外客户做了拓展配套。同时，DCT250 的成功开发更加完善了企业的自动变速器产品型谱，并运用于上汽 MG 名爵、上海通用雪佛兰的多款新车型上，也使上汽变速器成为国内唯一一家同时拥有湿式和干式双离合变速器产品的企业。

如今，国内做自动变速器的企业越来越多，第一、第二梯队的大部分整车企业都开始自己做自动变速器，中性化企业中，除了格特拉克、爱信、邦奇以外，青山、万里扬、盛瑞传动、东安动力等众多企业也都加入竞争行列，特别是爱信的一系列合资扩产的动作对国内的自动变速器企业影响很大。这对上汽变速器来说，既是调整也是机遇。面对这样的形势，上汽变速器也在不断调整着自己的发展战略。钱向阳说："我们也正在同时加快开发新的迭代产品，比如CVT和新一代DCT和AMT等，从而继续保持自动变速器领域的领先优势。"

在摸索中不断前进，在跌跌撞撞中不断成长。凭借着不断精进的业务和产品，上汽变速器在"第二次创业"中成功蜕变，成为国内最具影响力的汽车变速器专业研发、制造企业之一。

第三次创业在"新四化"中绽放

随着世界各国对于环境保护的重视程度提高以及科技的不断发展，整个汽车产业都在进行升级。近几年来，世界主要的汽车强国纷纷表示将新能源汽车提升至国家战略的高度。同时，新能源汽车也是我国汽车产业转型升级的一个突破口。目前全球新能源汽车技术路线有多种选择，知识产权壁垒尚未形成，国际标准也在制定当中，规模化生产正在酝酿，竞争格局尚未确定，这一切为其他国家和企业提供了技术追赶的机会。

凭借着在汽车行业多年的经验和积累，上汽变速器紧跟上汽集团"新四化"战略，再一次敏锐地捕捉到电动化——新能源汽车可能带给企业的发展机会。钱向阳说："当前，汽车行业正在加速转型，我们也一直在考虑未来的发展规划。"在这样的发展规划中，这位有情怀的企业家在心中为上汽变速器勾勒出一幅明晰的发展蓝图，就是以国际一流企业为标准，把企业建设成为"行业领先的汽车驱动系统创新型科技公司"。于是上汽变速器再一次调整发展战略，重塑企业文化，向新能源汽车领域发力。这一次，就是上汽变速器现今的"第三次创业"。

对于这一次变革，钱向阳表示："面对新能源市场带来的机遇与挑战，上汽变速器正在积极转型升级，无论是从技术开发还是投资建设，都在向新能源产品倾斜，同时也规划出一条自己的新能源路线，就是坚持纯电动车产品与混动产品同步开发，两条腿走路。"

目前，中国在新能源汽车驱动系统的方案设计、软件开发、匹配标定技术、系统集成能力、配套体系、产业化基础和储备等方面仍然与汽车强国存在着不小的差距。

对于这样的差距，上汽变速器没有回避，而是正视问题所在，并不断寻求突破点。钱向阳说："在公司推动创新变革的过程中，遇到的困难有很多，我们一直在探索创新变革的目标是什么？一开始大家变革的意愿虽然很强烈，但要变成什么样子，却没人能够清晰地描绘出来。"

DCT250 装配线

既然在企业内部寻求不到想要的答案，那么是不是可以尝试借鉴外部企业的经验呢？在这样的思路引领下，上汽变速器不断向其他企业学习。

仅以管理为例，2014年上汽变速器进行了"企业管理变革"，制订了"两个三年"行动计划。其中，"第一个三年"的阶段目标是基本建立可推广、可复制、具有操作性的业务模式、管理体系与流程。"我们认定变革要以问题为导向，问题的发现要通过对标，是否能正视自身的问题关键取决于人的观念。所以，公司管理层率先统一思想，从上至下转变观念，倡导向兄弟企业、向行业先进企业、向国际一流企业对标学习。"钱向阳如是说。

为此，上汽变速器先后共组织了500多人次到30余家企业进行了100多场全方位的对标学习。在向外部企业学习的过程中，上汽变速器逐渐梳理出针对本企业的"问题清单"，梳理出管理问题136项。针对这些问题，制定出解决这些问题的"任务清单"，完成管理改善任务472项。问题得到改善以后并没有停止，而是把这些问题和解决办法归纳成"制度清单"，修订新增制度流程495项。

通过不断更新，上汽变速器逐步将变革的目标变得更加具体、可行。通过全体员工的共同努力，在"第一个三年"过后，上汽变速器组织架构调整及绩效管理办法相继到位，IT系统基础架构也基本覆盖到位，自我革新的管理氛围逐步形成。

时至今日，上汽变速器迎来了"第二个三年"。在这个阶段，企业制定的目标是通过进一步的管理提升，建设数字化工厂，基本实现国内领先、国际一流的企业愿景。为了实现这个目标，上汽变速器成立了"管理变革推进小组"，由专人专职负责改革方案的深化和落实，并建立了部门级管理变革推进例会机制，借助企业内网开辟"管理变革"专栏，在线跟踪工作进展。

除了从宏观的管理上突破之外，在细节方面，上汽变速器也下足功夫。

2017年10月，上汽变速器和GE Digital数字化集团签署了关于"智能制造"的长期战略合作协议，将热处理"无人"工厂作为企业数字化工厂建设的首个试点项目，力求实现仓储、物流和生产线的全过程自动化、无人化。热处理数字化工厂预计于2019年正式建成。在此基础上，上汽变速器还将建立数字化工厂的模板，并形成企业自己的数字化工厂建设标准。对于企业的未来，钱向阳的构想是"将来整个企业都会面临数字化转型，所有工厂都会是数字化工厂，所有设备会逐步进行互联，与系统集成"。

所有的努力和改革，都是为了生产更好的产品和提供更好的服务。对此，钱向阳也有着清晰的认识，他说："从中长期来看，未来汽车行业将面临颠覆性变化，分布式驱动技术越来越受到大家的关注，特别是轮毂电机，一旦突破技术瓶颈，汽车传动系统将不复存在，到那个时候我们做什么？车辆电动化以后，主要的零部件都采用e-module，我们将考虑除传动系统以外的相关e产品，甚至于汽车行业外的e-module传动系统，我相信只要我们软件技术水平上去了，这些产品都可以做。"

而在一次次变革中，钱向阳始终强调着人才对于企业发展的重要性。"既要做产品，更要出人才，这是我们一贯的指导思想"。为此，上汽变速器把人才的培养作为公司的核心战略，"我们将进一步完善公司中长期的人才培训、培养与发展计划，并加快战略落地的步伐"。

从最初的郑兴泰汽配厂，再到如今的上汽变速器，企业在发展的道路上，产品、技术、管理一直在创新在突破，而"一步一个脚印，踏踏实实前进"做企业做产品的初心不变。钱向阳相信，也正是因为有了这"变与不变"同时存在同时发展，企业的未来才会绽放得更加美好。

第八篇

保隆科技：让更多人受益于汽车科技发展

秦　伟

　　2017 年 12 月 5 日在上海松江区保隆基地，所有人的视线都集中在实时直播的画面上，视频连线的那一头是上海保隆汽车科技股份有限公司（以下简称"保隆科技"）松江工厂的现场，自动化生产仪器上的数字缓缓跳动，最终跳至"15000000"，这是保隆科技的第 1500 万支 TPMS（轮胎压力监测系统）。

　　保隆科技总裁张祖秋提到，"公司成立 21 周年，并于 2017 年 5 月 19 日登陆 A 股资本市场。公司业务取得了爆发式的增长。"作为本土成长起来的传统零部件制造商，保隆科技的成长都恰恰踩在中国汽车市场的发展节点上，其最早涉足的气门嘴项目已排名全球第一，是通用汽车公司、福特汽车公司全球主要供应商；2001 年试水的不锈钢排气管也已跻身全球前三名，是通用汽车公司最大的供应商，也大量供应给丰田、奥迪等汽车公司；胎压监测系统是公司第三个项目。三个项目均是所在细分行业中的佼佼者。保隆科技的发展脉络，清晰地展示出一个传统零部件制造商成长为全球知名企业的发展之路。

保隆科技最初是从气门嘴业务起家的，"虽然气门嘴只是小小的零部件，但是我们正是出于对细节、对质量的追求，才赢得了通用、福特这样的国际知名客户。制造业来不得半点假，产品的考核有其特有的固定标准，要想达到标准，就需要从始至终狠抓细节。"保隆科技董事长陈洪凌如是说。

"找业务"，展会上"摆地摊"

1997年，三位风华正茂的青年怀揣梦想开始了自己的创业生涯，成立了上海保隆实业有限公司（上海保隆汽车科技股份有限公司前身），他们满怀激情地从事汽车易损件产品外贸生意，利用刚刚兴起的互联网技术挖掘了人生中的第一桶金。

"最初我们的目的很单纯，挖到第一桶金后，还希望我们从事的事业能够长久地发展下去。当时市场上能够跻身于全球前500强的多半是制造业企业。"回忆创业初期，创始人之一——保隆科技董事长陈洪凌这样告诉记者，"我们也随之找到了奋斗的目标，保隆也要做这样的企业，所以我们决定不再只做外贸，而是创建一个汽车零部件生产企业。"

"这时候专业知识指引了我们。由于我们几个公司发起人，均毕业于汽车领域的专业院校，因此对于汽车零部件的一些行情具有更清晰的认识。气门嘴就是我们嗅到的第一个商机。"陈洪凌表示，"众所周知，在中国，轮胎气门嘴是等到坏了再换，而在发达国家几乎是一年一换以确保安全，中国当时气门嘴绝大多数都是有内胎式的，而发达国家绝大多数都是无内胎式的，由此我们决定从气门

上海松江总部及生产基地

嘴业务下手。"

"当时轮胎气门嘴是很细分的一个市场，主要还是欧美日的企业在占据这个市场。但在做外贸的过程中，我们发现没有办法控制整个制造质量、成本，在行业里很难做深入，也很难领先，也是出于这个目的，我们就开始设想投入到制造业中。"另一名创始人保隆科技总裁张祖秋这样表示。

"1998年3月，我们开始筹备并很快投入制造。但紧随而来的是东南亚金融危机，金融危机之后就有些连锁反应，拉美、亚洲其他地区包括俄罗斯都相继发生金融危机，新兴国家的市场全部陷入金融危机中。"张祖秋回忆，"我们之前做外贸的客户都出现了订单下滑，主要客户的业务也没了，工厂每天都在消耗。"

保隆科技做"百年制造"的目标刚起步就遭遇打击，生存下去成为首要问题，"找业务"成为头等大事。

1998 年 9 月，一个偶然的机会，陈洪凌了解到全球最大汽车零配件展览会——德国法兰克福汽配展，"去看看全球最大展会，看看别人怎么做的，能拉几个客户更好"。抱着试一试的心态，陈洪凌独自来到德国法兰克福汽配展，这也开了民营企业参加国际一流展会的先河。"当时参展的中国企业都是大国企，没有民营企业。保隆科技也并没有摊位，在现场找到一家国企'匀'了 2 平方米'摆地摊'。"

"展览之后效果还不错，因为当时中国供应商很少出来，我们了解了第一手的客户需求，也掌握了客户信息资源。"陈洪凌"试一试"试出了成果，"这次出国的另一大成果就是转道香港，在香港成立了一家贸易公司，解决了贸易权的问题。之前我们有两三次因为挂靠别人，被别人拿了我们的商业机密，撬了我们的客户，所以决心一定要解决这个问题。"

1999 年，随着工厂的投产，进出口自营权的落实，所以客户的订单就陆续来了，整个的运转就比较良性了。保隆科技安然渡过了金融危机。

在国际化的途径和方法方面，保隆科技一直比国内的竞争对手要快一步。比如保隆科技在 1997 年就开始使用互联网，1998 年就参加了国际上的专业展览会，通过这样的方式，保隆科技比竞争对手更快地找到了主渠道的经销商，开始在国际市场上确立自有品牌。

与此同时，保隆科技进入海外市场的另一条道路是与国际零部件的行业巨头寻求战略联盟，发展贴牌代工的业务。"实际上，自有品牌和贴牌代工并不矛盾。当企业在市场中一定程度上建立了自己的品牌，和老牌厂商构成竞争的时候，他们才会重视，才有动力去寻求战略联盟、外包业务。企业在和老牌厂商谈战略联盟的时候也才能够有足够的筹码，获得有利的条件。而贴牌代工的业务本身也能为企业建立名声，促进企业建立自己的品牌和销售网络。从代工中获得的技术积累也加快了企业发展的步伐。"张祖秋解释道。保隆科技在建立自身的品牌和销售网络的过程中，也一直在寻求战略联盟。在这一策略的指导下，从起初为施拉德公司（Schrader）提供部件，到后期为迪尔公司（Dill）大规模代工。

从 2000 年起，保隆科技着手在国外设立销售子公司，并陆续在北美地区、德国等地取得成功，逐步获得了进入主机厂原配的机会。

2005 年，公司在对跨国企业文化兼容的基础上成功并购了美国 Dill 公司，在获得品牌与技术、拓宽销售渠道、绕开市场进入壁垒、降低成本等方面取得重大突破的同时，顺利实现了公司海外生产与制造在行业内的升级。

"Dill 的优势在于技术积累比较多，被我们收购后又变成一个独立公司，它的一些专利技术已经过期，但仍有资深的专业技术人员，在进行大项目或为客户同步开发时，我们两边会交流。此外，Dill 的质量控制体系较完善，我们从中不断学习。"谈及收购美国 Dill 公司时，张祖秋也表示受益颇多。

时隔多年，回忆当初企业的发展，张祖秋并没有过多渲染。他以平实的语气告诉记者，公司早期业务的发展得益于海外开放自由的交易环境，这样的环境为保隆科技的成长提供了发展的平台和契机。另外，海外市场对产品的质量要求较高，公司在早期就开始根据海外市场所认可的规则要求进行产品生产，努力提高产品质量，并由此树立起良好的企业品牌形象。

"此外，我们还针对气门嘴本身进行材料、工艺、技术的创新，通过研发全自动装芯机、智能测气机、自动配料系统，提升产品的一致性和可靠度。优质的产品随之也给我们带来了福特、通用等国际知名的优质客户。"张祖秋表示。

在 2008 年以前，保隆科技事业可谓蒸蒸日上、风生水起，自 1997 年创业的十年间，几乎每年业绩增幅都在 50% 左右。其间，既有国内经济黄金十年的因素，也有保隆科技从国际贸易起步后，步入制造业凝聚的综合优势。

"渡危机"，转变理念"练内功"

2008 年，国际金融危机如狂风暴雨，席卷了许多外向型企业。金融危机肆虐下，出口型企业、民营企业、中小企业首当其冲。很不幸，这三"点"，上海保隆汽车科技股份有限公司都摊上了。

2008 年，外向经济为主的保隆科技连续十年销售增长 50% 的纪录戛然而止。

2009 年 2 月，保隆科技遭遇了创业以来首次亏损。屋漏偏逢连夜雨，当时，保隆科技正在安徽建设生产基地，旗下的主力企业排气管工厂刚刚搬迁到安徽宁国，面临着熟练工人流失、重建管理体系、成本居高不下的困境。而保隆科技另一盈利主力气门嘴工厂，也因 2007 年购买到一批假冒原料而引发产品质量异常，进而于 2008 年在美国开展了产品召回行动，并在 2009 年因换货造成很大损失。保隆科技正在谋求上市的步伐因此受阻。

"保隆科技最初进入这个行业，靠的是比欧、美、日同行的价格低，那时候确实有成本优势。但当中国产品越来越多后，它们比你价格低，那么你要给他一个理由，为什么要从你这里，而不是从其他供应商那里采购，这时候之前积累的名声和品牌就起作用了。"在张祖秋看来，金融危机的爆发，中国企业的成本优势已经被拉低了，一方面海外的供应商也在想办法降低成本和价格；另一方面，在某些领域里，已经变成中国产品之间的竞争。"这时候就不能再靠价格竞争了，低廉的价格只是一块敲门砖，在这个转换的过程中，行业的格局就变了。"

"我们没法改变环境，只能改变自己。"张祖秋表示。保隆科技开始艰难转型。如何维持企业良好的盈利水平成为我们工作的重中之重。

"要想真正成长，光有牌子远远不够，必须将先进的管理理念转化为自身的管理实践。"在竞争日趋激烈的零部件市场中，保隆科技始终认为零部件企业立足市场的根本不再是依赖外在机会，而是不断提升企业内部的竞争力，因此生产以及管理机制的改善显得尤为重要。

"德国人的精益求精，日本人的持续改善已经成为全球制造业领域的典范。而保隆科技 BPS 项目的展开就是为了借鉴其成功经验，从而进一步提升在制造业领域的竞争力。"张祖秋表示。自2009 年起，保隆科技开始积极推行 BPS 模式，通过 TPM（全员生产保养）、TQM（全面质量管理）、TCM（全面成本管理）以及丰田的 TPS 四大支柱，积极推动集团精益化生产的步伐。

理念的转变，其实是为大规模的变革做铺垫。"推进精益生产，实际上是不断推翻固有陈旧观念的过程，以前许多人质疑的精益改进，比如工艺合并、模具和设备改进，只要能想出来，实践证明许多都可以成功。"精益改善部负责人回忆说。U004 精益线就是一个典型案例，原来卷边、压平、切口需要三道工序，通过模具改进和设备程序调试后，改为一道工序，还兼做后道工序，操作员也由 4 个人减少到 1 个人，类似的改进不胜枚举。

当精益生产进入更深阶段后，保隆科技开始启动联合精益，共同攻克设备、模具、工艺、软件等各项技术，研制专机，实现多工序合并，减少对人的依赖，并开始引进机器人。从传统制造向自动化制造转型，试验自动化连线和数字化管控，为智能制造打下基础。

在制造环节持续提升的同时，保隆科技的技术研发能力也得到长足发展。"我们已成功从工艺设计向产品设计转化，产品设计能力逐步赶上了行业标杆，而且在一些技术项目上，还领先于行业，许多客户因此与保隆科技进行合作。某整车厂甚至找我们要技术数据，供他们的造型部门参考。"张祖秋说。从 2013 年开始，保隆科技排气管工厂作为一级供应商向车厂直接供货的业务逐渐增多，包括通用、大众、长城、吉利、沃尔沃等公司。

在汽车市场竞争日趋激烈的大环境下，降本增效几乎成为所有车企与零部件企业共同面临的重要课题，"学习丰田的精益生产模式"也几乎成为汽车企业的一致口号。然而真正贯彻精益生产理念，以长期不断改善为目标的企业并不多，保隆科技便是其中一个。

"从当时阶段来讲，车企关注的重点依旧是产品的质量、价格、交付期等，他们对于零部件供应商的精益生产不会设定具体的要求。然而保隆科技之所以坚持这样做，是为了向客户传递信息——我们不仅可以提供满足车企要求的高质量产品，同时还在通过不断改善去优化价格和缩短交期，帮助车企提升整体竞争力。"张祖秋这样告诉记者。而在实际与车企合作的过程中，保隆科技的 BPS

体系确实给企业加分不少，据张祖秋透露，BPS体系的出现大大增强了客户对于保隆科技的信心，从某种程度上而言，一些新增的客户也正是由BPS体系促成的。

"金融危机也是个契机，我们市场的扩张突然被打断了，但我们寻求内升式的增长，苦练'内功'。"张祖秋表示，"经过了金融危机之后，我们的尾管（不锈钢排气管）和气门嘴在全球细分市场领先，占据行业前列"。

"求发展"，潜心布局"核心产品"

"我们的核心竞争力在于掌握领先技术的能力。这个技术不是指一般狭义的科学技术，它包括商务技术、管理技术和科学技术等综合因素。市场竞争日趋白热化，单凭一项技术已经很难制胜，因而需要综合优势的提炼。"陈洪凌表示，"早期保隆科技在气门嘴、排气管技术上取得的突破，如今已经有众多零部件企业纷纷效仿，因此我们转而整合多项优势，提高整体竞争力。"

"过去气门嘴、排气管业务虽然一直是保隆科技的强项业务，但是这类项目依赖出口，而随着人民币升值、金融危机等不稳定的金融环境，使得保隆科技更加注重开发具备高附加值的产品，从而提高企业的抗风险能力。"张祖秋也表示。公司不断进行汽车技术创新和新领域的尝试，敢为人先，具备了依据客户特殊需要进行适时个性化产品开发的能力，以期赢得更高的市场份额。

"在产业布局上，我们把握汽车智能化与轻量化的潮流，在汽车电子和车身结构件等方面前瞻研发、深耕细作，培育保隆科技新兴产业支柱；在全球布局上，保隆科技不但在国外设立研发中心和生产基地，构建全球营销网络，而且在国际市场取得成功后，转身在中国市场持续发力，目前中国市场的销售额不断上升，目标是达到国内与国外销售收入平衡、OEM 业务与 AM 业务平衡；在国内产业布局方面，继在安徽宁国建立生产基地之后，又建立了武汉研发中心；在管理布局上，我们着力实现标准化、信息化、流程化。"谈起保隆科技的战略，张祖秋娓娓道来。

保隆科技很早就瞄准了汽车智能化的发展方向。在 2002 年美国立法催生全新的胎压监测系统（TPMS）产业之际，保隆科技就开始投入研发 TPMS。

TPMS 项目启动，对保隆科技而言，不仅瞄准了即将出现的新市场的巨大商机，也是为产业转型升级做准备。那一年，保隆科技的气门嘴还未做到全球第一，但已在业界小有名气。

闻风而动的国内厂家远不止保隆科技一家。"那些年起步的 TPMS 企业，据说国内有近百家。"张祖秋神情凝重地说。

项目的艰难，不仅仅在于竞争的残酷，甚至也不仅仅在于众多的拦路虎——高新科技产品的技术难关，而在于全新的市场规则。"跨国车厂的零部件供应基本由国际巨头把持。我们在气门嘴项目上的突破方式是先在售后市场做到全球最大，以长期的技术积累和大量的生产经验作为台阶，跨入原配车厂门槛。"张祖秋表示，TPMS 在售后市场却迟迟火不起来，在售后市场求得快速发展的路堵死了。

剩下的另一途径是行业内的口碑：要想进入一个原配车厂，甚至只是请他们来现场评审，前提是有另一家原配车厂的配套或认可。问题是，哪一家原配车厂愿意冒着风险来第一个认可你？

"取得信任的途径，就是在还没有大批量生产订单、适当利润回报的前提下，长期持续不断地自行投入资金去升级设备、提升技术、修炼管理……"张祖秋无奈地说，"其中最关键的还是技术，只有真正掌握了技术才有话语权。"

"我们研发团队人员来自五湖四海，不少都有不凡的资历。"张祖秋介绍，然而，"费尽周折做好的样品，装车后，信号竟然时有时无！"

TPMS 的原理，说来并不复杂。以轿车为例，在四个车轮上装上传感器及发射模块，将实时探测到的轮胎内温度、气压数据转化为无线信号；驾驶室内的接收模块收到信号后，将数据显示到显示屏上，出现异常时报警。

复杂的是汽车内的电磁环境。无线电波不能穿过金属，而汽车几乎周身是钢铁，会产生强烈的电磁屏蔽，阻挡无线信号的传播；轮胎内通常密布钢丝做的子午线，轮辋也是钢或铝，使电波快速衰减；汽车内的空调、CD 等各种控制线路密如蛛网，错综复杂的电波互相影响，对无线信号产生强烈干扰。

解决办法是重新设计无线信号的发射和接收天线。这不是一个简单的活儿，从建立无线电模型到天线设计，涉及无线电波的基础理论和工程技术。研发团队没有退路，这一关过不去，就意味着TPMS 项目失败。

顶着项目下马的巨大压力，设计、装车测试，失败、修改设计，再失败、再修改。苦战的结果是攻下坚城，并由此拿到了保隆科技 TPMS 的第一个专利。

中国制造高科技产品，大都从模仿起步，不可避免会遇到国外行业巨头的知识产权问题。使用别人的专利，每做一个产品都要交专利费，这就增加了产品成本，降低了竞争力。要想开发既能解决问题、又要绕开国外众多的专利技术，这比完全拓荒式的创新还难。这就是所谓的"专利壁垒"。

保隆科技也走过这样的道路。第一代 TPMS 是在飞思卡尔（Freescale）提供的芯片基础上研发的，所运用的 TPMS 气门嘴结构使用了一个全球行业巨头的专利，获得了他们的使用授权，这种气门嘴附带了 TPMS 的传感器和发射模块，独特的结构可以适应各种不同尺寸的轮辋。

从天线技术、气门嘴结构开始，直至轮胎识别、调制解码、模块化设计、中继技术、自主芯片技术……十年如一日，一路狂奔的结果是，截至 2018 年 6 月 30 日，TPMS 获得 31 项发明及实用新型专利授权、3 项外观专利授权以及 6 项国际发明专利授权；压力传感器方面，获得 18 项发明及实用新型专利授权；另有 18 项软件著作权，9 项集成电路布图设计版权。

保隆科技以众多的专利，构筑起属于自己的"专利壁垒"。

2007 年，美国政府强制立法规定自 9 月 1 日起，所有新车必须配置 TPMS 系统，"特斯拉作为在美国的电动车企业自然也不能例外。"张祖秋跟我们分享了与特斯拉合作的经历，由于正处于发展雏

保隆科技机器人在工作

形阶段，特斯拉的车型产量相对较少，其早期选择的 TPMS 供应商所提供的 TPMS 均为标配产品，难以满足特斯拉本身的一些定制化的需求，这便为远在大洋彼岸的中国保隆科技提供了合作的契机。

据张祖秋介绍，当时的保隆科技在 TPMS 业务方面也正处于发展起步阶段，公司的 TPMS 项目已于 2006 年正式实现量产。通过样品寄件、工厂评审等流程，2009 年，特斯拉终于确定将保隆科技作为其 TPMS 产品的唯一定点供应商，并为其 2010 款的 Roadster 跑车提供 TPMS 配套产品。

"保隆科技与特斯拉的成功合作在于在合适的时机一拍即合，但同时也离不开保隆科技早期在 TPMS 业务上的深耕细作。"对于与特斯拉的成功合作，张祖秋这样总结道。他表示，对于两个同处发展初期的企业，保隆科技与特斯拉的合作无疑将有利于实现双方的资源互补。当然，保隆科技在 TPMS 技术领域的硬实力才是赢得合作的关键。在与特斯拉工程团队的技术交流过程中，保隆科技工程师团队在 TPMS 产品方面的专业性与严谨务实的态度赢得了特斯拉的认可，不仅如此，公司还能为特斯拉提供 TPMS 自动定位技术、自动识别技术等定制化的技术方案。

正是通过这种前瞻性布局和坚持不懈的努力，保隆科技持续投入巨资，在取得众多专利技术、产品研发更新升级后，终于站在国内 TPMS 技术领先者的地位，参与制定国家标准，并与飞思卡尔联手推出全球最小的 TPMS。保隆科技 TPMS 产品得到上汽、东风、通用、比亚迪等众多车厂定点采购，产销量从 2015 年开始出现井喷式增长，并于 2016 年实现赢利。

"除了拥有较强的研发设计能力，保隆科技还通过平台化的产品方案以实现不同车企对于 TPMS 功能的需求。"张祖秋这样讲道。由于 TPMS 本身具有不同的功能与设置，不同车企对于 TPMS 功能的选择与定制也不尽相同。因此，鉴于拥有完善的技术储备，为了实现生产效益的最大化，保隆科技搭建了自己的技术平台，从而通过不同功能模块的选取满足不同车企对于 TPMS 功能的设定，同时也提高了 TPMS 的研发效率。

"作为安全装置，TPMS 的技术重要性不言而喻。多年的技术钻研使保隆科技成为国内 TPMS 市场的领先者，未来我们将进一步深化 TPMS 技术的研究，让更多消费者感受到安全胎压带来的益处。"张祖秋总结道。

此外，在拥有 15 年汽车电子技术积累的基础上，保隆科技开始在各类车用传感器、ADAS（高级驾驶辅助系统）、毫米波雷达技术等多方发力，努力在感知和控制领域发展智能、环保、安全的汽车电子产品，其中传感器等已实现量产。

在汽车轻量化道路上，保隆科技 2012 年开始研发的汽车结构件拥有液压成型、增压器研制等核心技术，已经量产并获得车厂定点采购。"用我们的产品可以减重 20%—30%"，说起车身结构件，液压工厂总经理陈旭琳满怀自信。减重 20%—30% 且强度提升，从而节约材料、减轻车身和降低油耗。与车身结构件同步研发的还有空气弹簧以及智能电控、复合式汽车减震器，用于优化乘用车，尤其是电动汽车的驾乘舒适度，其中空气弹簧已开始量产。

"市场在变，产业格局也一直在变。若要获得长远发展，公司必须紧跟市场步伐，相应作出调整。未来保隆会继续密切关注市场动态，不断寻求自身突破，以领先的技术制胜零部件市场。"张祖秋最后总结道。

"谋未来"，为了更美好的下一个"二十年"

2017年4月17日，上海保隆汽车科技股份有限公司IPO上会，顺利通过中国证监会主板发行审核委员会审核，5月19日，保隆科技在上交所上市，登陆A股资本市场。

在保隆科技满20岁的这一天，保隆科技股票也在上交所正式挂牌，这标志着近十年的上市历程终于画上句号。保隆科技董事长陈洪凌深有感触地说："这是我们近几年脚踏实地前行的成绩单。在国内经济下行的大环境下，保隆科技近3年却逆势增长，形势喜人，立足于实体经济尤其是汽车零部件行业不容易，作为民营企业，则更加艰难。成绩只代表过去，重要的是，我们从这些年的成长中，找到了前进的方向，增强了经济发展的自信！"

经过21年的发展，保隆科技对于国内零部件市场有了更为深刻的认识，意识到"提升整车水平"这样的使命更适合那些有整车整合能力的主机厂，"对于零部件企业来说，将零部件产品做精做专做强才是我们追求的目标。"张祖秋的初心不改。

面对不同竞争对手，公司采取差异化的竞争方式。在与博世、森萨塔、大陆集团等实力强大的跨国零部件企业竞争时，保隆科技把能够做得更好的方面拿出来积累实力。例如为客户提供定制化的方案以及快速的需求响应，与客户进行紧密合作，与他们分享更多的知识等。供应商的价值来自多方面，这些都会成为客户所看重的部分价值。

与此同时，本土企业同样也会与保隆科技构成竞争。但是这方面保隆科技有自己的特殊优势。公司最早是从海外市场做起，自

2000 年就开始在北美市场供货。在理解整车厂需求及后续服务和质量控制上，保隆科技都积累了更多经验。

中国已经成为世界第一大汽车产销国，经过这些年的发展，国内汽车市场整体的开放程度和规范程度也得到了很大的提升。伴随着越来越多的外资零部件企业进入中国，中国的汽车市场俨然已经演变成一个全球化竞争的平台。在核心零部件领域，不仅是在中国市场，甚至是在全球范围内也都是由外资企业掌握主导权。在博世、大陆集团、电装等这样强大的竞争对手面前，国内零部件企业依旧十分弱。张祖秋表示，在这些巨无霸面前打开一扇属于自己的门将是未来本土零部件企业所要面临的重大挑战。

在这种机遇与挑战并存的环境下，张祖秋也表示了对国内企业的隐忧，"这几年很多国内零部件企业增长很快，但我们回过头去看，这些增速都来源于市场的增长，而并非企业自身竞争能力的增强，所以本土零部件企业要思考的是，如何把握住本土市场发展所带来的全球化机遇。"

"掌握领先技术，改善汽车部件"，董事长陈洪凌、总裁张祖秋和他们的团队将此作为企业的使命和追求，在企业发展的实践中不断丰富它的内涵。这样的使命与追求也成就了保隆科技的核心竞争力，成为保隆科技基业长青的法宝。"让更多人受益于汽车科技的发展"是保隆科技的愿景，张祖秋说："要将这一理念落到实处，就是要给客户提供高质量和高性价比的产品。未来，保隆科技坚持把产品和装备升级作为重要项目来抓，从而实现从劳动密集型到技术密集型的转型，并朝着具有更高附加值的产品方向去发展。"

第九篇

大郡控制：以应用创新领先世界

时炳臣　秦　伟

在 2018 年的政府工作报告中，李克强总理三次提到新能源汽车，并明确指出加快制造强国建设，推动新能源汽车产业发展。

徐性怡，海归博士，福特汽车公司"亨利·福特技术成就奖"获得者，中国国家"千人计划"专家，2005 年注册成立上海大郡动力控制有限公司（以下简称"大郡控制"）。

大郡控制在 2016 年凭借"高功率密度电机控制器"项目，成为新能源汽车领域受国家重点支持的两家电机控制器企业之一，是名副其实的"国家队"成员。

2002 年离开美国福特毅然回国从事新能源动力控制技术产业化研究，16 年来，徐性怡愈来愈深刻地理解到：面向中国巨大的商用车市场，适用中国的市场特点，以最适用的技术服务市场，通过应用创新领先世界，这正是中国商用车市场赋予实用技术的蓬勃生机。

徐性怡表示，"我从 1992 年开始在美国福特公司从事新能源汽车用电机系统技术和产品开发，到现在打造大郡控制，26 年间看到了世界新能源汽车发展的起起伏伏，也经历了创业路上的坎坎坷坷，却没有动摇对新能源汽车事业的坚持。"

新能源汽车的"早起者"

"我的电动汽车职业生涯始于 1992 年，那一年我加入美国福特汽车公司科学实验室，从事电动汽车用电机及控制系统的研究。在福特工作的十年间，我领导的团队成功开发了多种电动汽车用的电机系统，我也因此获得了福特公司最高的技术成就奖——亨利·福特技术成就奖。"谈起自己的职业生涯，徐性怡向我们娓娓道来。

他说："早在 1992 年 2 月福特招我工作时，一个研究所的副总跟我说，汽车的未来在动力系统上，电气化的核心技术之一是电力电子，要来就开辟新天地。从那时候开始，我就已经意识到汽车电动化的必然性。"

2002 年，国内电力电子市场已粗具规模，但控制还不够好。电力电子技术本身不仅是一项高新技术，也是拉动能源领域高新技术发展的基础。专业对口、掌握国外前沿技术，徐性怡认为在国内兴许会做成一些事。

"2002 年，我与其他几位留美博士一起回国创业。当时中国的新能源汽车刚刚开始起步，科技部正在组织实施电动汽车重大专项。我们想抓住中国电动汽车发展的历史机遇，利用自己在国外积累的技术经验，与中国的电动汽车事业共同成长。"徐性怡自诩，"我是新能源车的'早起者'。"

"早起的鸟儿有虫吃"，这是中国老百姓耳熟能详的俗语，但随

大郡控制办公楼

着发展衍生出了另一句——"早起的虫儿被鸟吃"。是"鸟"还是"虫"？徐性怡有自己的判断与分析，"外部环境、自身实力一个不能缺，更重要的是要有'绝技'！"

"我们的团队成员在国外工作多年，在电动汽车领域有着丰富的工作经验，也掌握着专业和领先的技术，因此一回国就承担了国家'863'计划电动汽车重大科技专项，成为'国家队'的一员。"徐性怡的话简单直接。他们归国后通过国家"863"计划"电动汽车"重大科技专项一鸣惊人。

经历"863"计划重大专项成功后，徐性怡敏锐地预测到2010年电动机车会成气候，同时也响应国家"863"计划的号召，2005年上海大郡动力控制有限公司注册成立，着手研发电驱系统。

在"863"计划重大专项的支持下，团队自主开发了混合动力双电机系统和纯电动驱动电机系统。无论是开发进度还是技术指标，两款产品都获得了各方的认可。搭载大郡动力系统的燃料电池汽车具有零排放的特点，成功服务于 2008 年北京奥运会，并为马拉松领跑。

在 2008 年北京奥运会上示范运行的成功，使中国新能源汽车发展迎来了一个小高潮。"为了跟上行业的发展，我们开始从'研发'向'研发＋生产'转型和扩张，一方面招兵买马，一方面积极融资。"经历成功的徐性怡没有保守，迅速对未来作出了决断。

"奥运会上的成功，使团队看到了先进技术的价值"，徐性怡和大郡控制看到了未来，坚定了"必须坚持自主创新，方能长期可持续发展"的信念，打造自己的核心竞争力，有了"绝技"才能占领市场。

然而，创业路上不可能一帆风顺，看似一次机遇的到来，却因为一场全球性的金融危机，打破了大郡控制已谈定的融资计划。突如其来的资金短缺致使大郡控制濒临关门的边缘。为了生存，大郡团队不得不从近百人的规模急速收缩到十几个人。幸运的是，这些大郡火种凭借着共同的梦想和相互的信任，肩并肩一起扛过了最困难的时候，创造了日后重新出发的机会。

熬过了 2008 年寒冬的大郡团队，继续在新能源汽车追梦路上前行，秉承"以适用的技术服务市场"的理念，大郡控制配合整车厂推出了一系列符合中国工业基础和应用要求的新能源汽车产品。

以适用的技术服务市场

"2006 年，我们已经开始关注电动企业的产业化。作为一家创新型公司，大郡控制的理念是以市场应用为导向，以实用的技术（不一定是最先进）尽快切入市场。"徐性怡的经营理念似乎有些与众不同。

在新能源汽车产业化的过程中，市场切入点在哪里？"我们的判断是优先在商用车、公交车领域。"徐性怡分析，"公交优先推广新能源车，促进节能减排，这符合国家战略。同时由于有国家扶持政策，公交系统推行新能源也相对比较容易。再加上在'863'计划重大专项中的技术储备，我们开始了针对新能源公交车的各项配套工作。"

适时而动，以适用的技术服务市场，徐性怡的判断非常准确。

2009 年，搭载了大郡集成启动发电机系统的中国首款量产混合动力轿车——长安杰勋投产，先后在南昌、昆明及重庆等地投入出租车及公务车运行，实现了节油 20% 以上的设计目标。

2011 年，大郡控制成功地在 3 个月紧张的时间里，加班加点，向深圳五洲龙交付了 1000 多套混合动力大巴电机系统，成功服务于深圳大运会，目前这些车辆仍在服役。

2012 年，大郡控制的纯电动大巴直驱驱动系统批量生产，并且在深圳等地的公交领域得到了批量性使用验证。直驱电机系统产品迅速拓展到中巴及小巴产品。同时，这款系统也是国内市场领先的纯电动客车用大功率驱动系统。

此外，针对部分路程较长公交线路反映的公交车续航问题，大郡控制与上汽申沃通力合作，在 3 个月内开发了一款增程式电动公交车。这款车装有"车载充电宝"——发动机/发电机组，可以解决电池续驶里程的问题，并能达到减排和节油的双重效果。与传统公交车相比，尾气中的氮氧化合物减少了 90% 以上。

在创业的历程中，大郡控制始终坚持以客户为中心的理念，以客户的成功为己任，在解决客户痛点、为客户创造价值的同时，寻找业务机会，提升自己的能力。"我们最大限度地发挥自身能力和优势，为客户提供全方位的服务。我们和北汽、广汽、上汽、金龙等主流整车客户共同优化产品定义；我们与客户一起进行各种测试，在漠河进行冬季实验、在吐鲁番进行夏季实验；我们跟随整车厂参加青海湖新能源汽车挑战赛，并一起为重要活动提供服务保障；我们根据整车客户和终端用户的需求在全国设置办事处，安排专人跟踪保障车辆运营。这一切都基于我们的一个信念——客户的成功才是我们的成功。"徐性怡对此深有感触。

让新能源车造车更简单

为大众出行提供绿色动力；

让新能源汽车造车更简单；

让新能源汽车使用更安全更方便。

徐性怡简单三句话道出了大郡控制的使命——大郡控制将致力于成为领先的世界级企业，全产业链视角的新能源汽车动力系统解决方案的提供商和领导者。

基于此，大郡控制将定位于新能源汽车动力系统领域，为国内外主流汽车制造商提供产品及服务，通过实现客户价值来成为国内业界技术和规模领先的服务型制造企业。

在造车更简单的理念上，"动力系统一旦标准化，整车的制造就简单了。"徐性怡的话简单明了。

徐性怡对笔者说，当前的汽车工业在进行革命性的变革，这个革命性变革的到来，首先是由于智能化、网联化的发展；其次是因为制造技术的变革；最后是共享经济。这些技术的进步给汽车行业带来根本性的变革。

"这个变革在电动汽车领域尤其明显。"徐性怡表示，因为纯电驱动的电力系统大大简化了动力系统的结构和体积，我们就可以让动力系统做得更响，可以开发标准化的动力系统装在动力底盘上，上面扣不同的壳，形成动力系统的标准化和整车设计的个性化，新型的制造结构，给整车厂提供了更加广泛的市场体会。"动力系统一旦标准化以后，整车的制造就简单了，所以我们可以看到有很多新势力造车可以专注地实现整车的个性化。"

"主机厂造车过程中，电机驱动系统器件布置烦琐、空间利用率低，动力线束多、器件连接可靠性低、整体价格居高不下。"徐性怡说，"为了让造车更简单，动力系统标准化，我们充分发挥在电子电力方面的优势，把部分功能集成起来。通过软硬件集成将多个系统融合到一个控制器里，减小了体积和质量，提高空间利用率，在融合功能的同时降低了整体的成本。另外，针对集成系统提供全套售后服务，在售后维护上帮客户省去了麻烦，进一步降低了售后成本。"

大郡控制在集成化设计方面有三大理念：功能集成、物理硬件集成、服务集成。此外还可以为客户提供系统的定制化方案，产品储备非常齐全。

大郡控制通过产品内外部集成化、实现轻量化、高效化设计，将复杂的系统融合成一个功能硬件集成的系统，在保证产品功能完整的前提下进一步提高了用户体验，降低了客户维护成本。让用户真正感受到了"造车更简单，行车更安全，养车更便利"的设计理念。

　　"大郡控制目前的核心产品中，无论是电机、减速机、控制器的三位一体集成，还是'all in one'的多合一控制器集成，或是电驱桥一体集成，都充分发挥其电力电子核心技术优势和机电集成能力，给客户提供多功能、简洁化集成产品。"徐性怡进一步解释。通过模块化、标准化、多功能，交付"all in one"模式的产品，客户拿到产品后直接配装，非常简单，不再需要数十家供应商"环伺"；一个功能集成平台体积小，能装配多型号整车产品；同时功能集成消除了很多共用部件，简化了结构，降低了成本，提高了质量和可靠性。

　　值得一提的是，大郡控制的所有集成方案都是针对客户不同需求，或多样集成，或选项集成，或分散集成，以多样化解决方案供客户选择。无论是增程式、直驱式、带减速箱、带变速箱等等，都是从产品角度，让造车更简单。

　　除此之外，从服务的角度，徐性怡提出要与客户协同开发，这在国内商用车行业尤其是客车行业还非常具有个性。虽然国外一流品牌，如奔驰商用车，它的研发往往是直接下单到合作零部件配套厂实现协同开发，但国内目前环境尚未成熟，仅大金龙的龙威Ⅰ代、Ⅱ代在走平台化协同研发之路。

大郡控制车间

徐性怡说："我们需要介入客户产品开发过程，尤其是定制，更需要同步开发。我们会根据客户的产品谱，进行前期策划，从整套技术的完整性、延续性、全面服务，我们都同步实施。大郡控制的'造车更简单'包括这一服务板块。"

本着"让新能源车造车更简单"的理念，凭借多年深耕新能源汽车电机驱动系统领域的行业经验及专业积累，大郡控制在先发地位、持续创新、核心技术、系列化产品体系、个性化的服务和快速响应的本地服务能力等方面确立了较强的竞争优势。

其中"大郡直驱电机控制器总成"项目就是典型代表。

"大郡直驱电机控制器总成"项目采用国际先进的永磁同步电机矢量控制技术设计，系统效率可达到 95% 以上。电机结构设计紧凑、重量轻、体积小、能量密度高。使用这款电机系统的商用车无须匹配变速箱，实现无级变速。与传统汽车相比，传统公交大巴每年的油费在 22 万元左右，但如果使用直驱电机控制器总成的客车，纯电动客车一年的电费仅有不到 5 万元，一辆车一年就将节约 17 万元左右。

在风口上苦练内功

在为中国本土商用车提供最适应性产品的同时，徐性怡的一个宏大目标就是实现汽车级供应商的蜕变。用徐性怡的话来说就是，"摆脱纯电动技术的限制，摆脱车型的限制，摆脱电控和电机研发范围的限制，依托解决方案的定位及上市公司的平台，成为动力系统领域的整体解决方案提供商。"

对于未来要做的工作，徐性怡非常坦诚："首先要做的是补足自己的短板，其次是服务上的提升，然后再谈未来的技术路线和突破。"

"我虽然是从福特做常规能源轿车转过来做新能源汽车，但事实上，我们大多数新能源供应商，往往是从工业、家电转战过来，非汽车专业科班出身。达到汽车级供应商水准还需要一个过程。"在他看来，汽车级供应商首先是质量第一。重视预策划与持续改善，重视产品的一致性、可追溯性，并且保持持续改善能力，这些是汽车级供应商的重要特质。"这也是我们最短的一块短板。"徐性怡表示。

比如拿到 TS16949 资质看起来不难，但拿到这项指标并不一定意味着你能达到这个水准，这其中的预策划、一致性、可追溯、持续创新、持续改进这些理念，企业和员工都必须吃透，关键要在质量管理理念上达到目标。比如可追溯，设计时有什么问题，生产时有什么问题，一步步可追溯回去，就是为了能改进，不是改进某个产品，而是整体设计以及设计流程。这是企业本身的文化和管理真正体现出来的东西。

所以他才会说："你能看到的东西都乏善可陈，真正的东西你看不见，比如团队的能力。"

在中国短、平、快的经济环境下，留给我们真正创新的时间并不多。所以徐性怡也会说："你只有一遍遍积累，每次在快速替代时提升一部分。我们坚决杜绝退货成本、服务成本、客户不信任成本，宁可在前期利润上压缩，也要在质量上完全满足要求。这是一个长途马拉松，不在于赚到多少钱，而是在长期过程中能持续跑下去。"

此外，是服务的提升。徐性怡也重点介绍道："其他的公司大多有 Q(Quality/ 质量)C(Cost/ 成本)D(Delivery/ 交付) 的一个思路，但是我们大郡控制不同，我们在此基础上还加上了 S(Service/ 服务)，也就是 QCDS 体系。""服务是所有产品都需要的基础价值，有的人认为服务只是售后阶段的。但是，我认为服务应该是全阶段的，从产品开发、实验、到量产后，我们都要做好服务。"

对于服务，徐性怡还有深层次的认识："当下的竞争除了产品要好之外，客户使用产品的体验将会越来越重要。因此服务将会越来越重要。除了做好服务主机厂的工作外，还要加强为终端用户的服务工作。这不仅会有助于提升客户体验，而且会帮助厂家深入了解用户关注的'痛点'，开发出客户真正需要的产品。"

就研发理念而言，徐性怡坦诚作答，"我们的关注点在于让客户感知产品的价值。例如效率，我们不在乎最高效率能达到多少，更多的是考虑高效区能有多宽，以及典型工况下的能耗指标。这样一步步走就能真正把高效价值体现在用户少花钱买电的层面上。这样的理念变化其实就反映了我们设计能力的提升。"

另一方面，基于与国外先进制造水平的差距，大郡控制在制造技术上也在加大投入。徐性怡表示：德国"工业 4.0"提出"以大批量制造的一致性和成本来制造多样化、个性化、小批量产品"，未来中国制造必须走这条路。所以大郡控制在上海建设新工厂，除了达到 50 万产能，还要提升制造技术，真正实现智慧制造。

为实现战略目标，成为行业的领导者，大郡控制将在总体上选择差异化战略和最佳价值战略的基础竞争战略，采取以动力系统解决方案战略为核心的发展战略，在未来五年逐渐形成并加强以"控制技术和集成能力"为主体的核心竞争力，最终实现"成为一家为客户创造价值的卓越公司"的核心价值目标。

　　徐性怡同时认为，"中国与国外的对标差距正在缩小，我们新开发的产品大约是国外 3 年前的产品。然而，国外在研发设计时有非常明确的指导原则，有很翔实的步骤，100 多年的沉淀，所有走过的路，都是经验。这是我们所不具备的。我们也要积累，技术创新没有捷径，只能靠积累。"

　　徐性怡坚信，中国的新能源汽车供应商坚持持续改进，就能达到汽车级供应商水准，并将具备跟世界级供应商同台竞争的能力和底气。

　　最后，徐性怡说："我们团队坚信新能源汽车造福人类的光明未来，也深深认知在新能源汽车领域长期耕耘积累的艰难与必要。凭着这份信念和坚持，大郡控制走到了今天，迎来了新能源汽车蓬勃发展的历史机遇。我们一定要抓住机遇，以自己的努力让新能源汽车造车更简单、让新能源汽车的使用更安全更方便，通过服务整车厂客户和终端用户来实现大郡科技的发展。"

　　徐性怡始终投身于新能源汽车这项事业中，或许对他而言，这已经不算是事业，而是梦想，流淌在血液中的梦想。

第十篇
东风专用件：小公司大作为

黎光寿　廖　羽

　　2018年6月底，美国著名电动车厂商特斯拉在上海设立超级工厂的消息，让中国资本市场和舆论沸腾，但特斯拉为何选择上海，有各种各样的争论。其中有一种观点，就是中国能提供特斯拉所需要的一切，尤其是长三角一带，更是能为特斯拉提供低成本和高质量的产品配套，让特斯拉能在相同利润的情况下，以更低的价格走向市场。

　　上海东风汽车专用件有限公司（简称"东风专用件"）就是特斯拉潜在的配套厂商，该公司专业生产全球汽车所用的高端螺栓和螺母等紧固件。2018年5月下旬，该公司总经理邹传贵在上海的办公室告诉记者："从规模来看，在国内汽车紧固件领域，我们的总体规模不算大，但在螺母领域已经成为排头兵；从品质来看，我们的目标是提高品质，成为汽车螺母中国第一品牌。"

　　东风专用件成立于1994年，是东风汽车集团庞大系统中的一员，属于该集团旗下第六级的公司，其生产的高端螺栓螺母等产品，30% 向东风汽车集团内部销售，70% 销往全球市场。2017 年销售额超过 2 亿元，在东风汽车集团和庞大的中国汽车市场中份额很小，但其产品却直接关系着每辆汽车的安全。

小公司大作为

东风汽车集团有限公司作为一个庞大的国有企业，展现在世人面前似乎都是与旗下各种系列的汽车联系在一起的形象。其实在这种光鲜亮丽的形象之下，是一个数目庞大的内部公司系统，东风专用件就是这个庞大系统中的一员。

从公司层级上来看，从东风汽车集团有限公司到东风汽车专用件有限公司，一共经历了六个层级——东风汽车集团有限公司、东风汽车集团股份有限公司、东风汽车有限公司、东风零部件集团有限公司、东风汽车紧固件有限公司、上海东风汽车专用件有限公司。从财务指标上看，和整个东风汽车集团 2017 年 6000 多亿元的销售额相比，东风专用件 2017 年的销售额仅有 2.1 亿元，2018 年的目标仅为 2.5 亿元，在整个东风系统中如沧海一粟。

东风零部件集团是东风汽车集团架构下的第四级公司，其旗下一共有 18 个子公司，分别生产汽车所用的不同零部件，包括车轮、泵、悬架弹簧、热控制系统、滤清器、活塞产品、传动轴、精铸件以及精密冲压部件等，为汽车主机厂研发制造相关配套部件。东风汽车紧固件有限公司是其中之一，年销售额大约在 15 亿元，东风专用件公司年销售额大约是紧固件公司销售额的 1/7。

东风专用件的投资方之一是成立于 1969 年的东风汽车紧固件有限公司（原二汽标准件厂），该公司走出十堰大山，在上海和武汉开辟了新的生产基地。东风专用件于 1994 年成立，1996 年正式运营，作为东风紧固件的合资子公司，在上海研发制造高端汽车紧固件。

东风专用件的客户主要有：神龙汽车、东风日产、广汽菲克、上汽通用五菱、比亚迪汽车、北汽乘用车、广汽乘用车、东风乘用车以及本田、三菱等二次配套市场。"现在中国在汽车紧固件领域需要进一步提高水平，有些高端紧固件还需要进口"，邹传贵介绍说。目前东风专用件正在攻关，使其全力跟进汽车行业发展潮流，更好地替代进口、服务客户。

小螺丝大世界

东风专用件的主要产品是螺母和特色螺栓，看似简单的螺栓和螺母，却蕴含着复杂的制造过程。汽车用紧固件不同于普通紧固件，汽车产品涉及法规和强制安全标准，其紧固件必须要有足够的强度和精度，才能保证汽车在未来生命周期中稳定发挥作用，从而保证驾乘人员的安全。

在整车中，紧固件价值虽小，但其性能对于安全的保障作用确实不容忽视。邹传贵介绍，东风专用件生产的螺栓强度在 8.8 级以上，精度和摩擦系数范围很广，耐热温度从常温到 470℃—850℃都可以做到。该公司还拓展了产品自排屑、自定位、自导向以及自限位等功能。在螺栓的抗疲劳方面，东风专用件也做了很多防松性能的研究工作。

而在螺母方面，东风专用件的螺母从强度、耐热度、耐腐蚀三个方面实现了全系列的跨越。如今东风专用件已经能自主制造 04

东风专用件外景

级到 12 级强度、常温到 850℃耐热、24 小时到 1008 小时耐腐蚀的
各型螺母，并且还增加了螺母的自锁以及防尘等功能，掌握了包括
拉铆、冲铆在内的新型紧固技术和产品，在螺母制造的各方面都在
明显提高。

　　从规格上来讲，东风专用件公司目前加工的螺栓直径 5 毫米—
12 毫米，长度 10 毫米—120 毫米。螺母规格做到了 5 毫米—24 毫
米，高度 5 毫米—50 毫米。这些螺栓和螺母被广泛应用到汽车的
各系统的连接，无论发动机、底盘还是车身，其中还包括很多必须
通过客户认证的安全件。

　　据介绍，在发动机紧固件里，东风专用件主要做耐热的高温紧
固件，其中包括进排气歧管固定螺栓、增压器固定螺栓、排气系统
固定螺栓以及螺塞系列。这部分产品技术含量较高，产品附加值也

较高，国内能做的企业较少，之前很多都是进口垄断，如今东风专用件所做的就是逐渐替代进口件。

在底盘类紧固件的产品里，东风专用件目前主要以铆螺栓、带垫螺母、锁紧螺母以及异形件的制造为主，其中锁紧类的螺母使用效果最好，是东风专用件的优势系列产品。公司拥有多种不同的专利压合工艺和设备，包括端面压合、侧面压合、双面压合以及多点压合等，公司制造的锁紧类紧固件产品，因质量稳定，非常受用户的喜爱。

在车身类紧固件中，焊接螺栓、焊接螺母以及包括冲压件、塑料件、弹性元件的组合类螺母都是东风专用件的特色产品。此外，导向螺栓、内六花螺栓的使用量也非常高。东风专用件在生产制造普通产品（比如六角螺母、法兰面螺母等）的同时，又着力于对汽车行业先进技术、紧固件新材料、新工艺和新设备的研发和投入，先后攻克了耐热钢产品系列、不锈钢产品系列、焊接螺母系列、铆接螺栓系列、压铆螺母系列等更高技术要求、功能要求的技术和产品，逐年形成竞争的核心优势，也为公司在市场的竞争中开创了一片蓝海。东风专用件在"小螺丝"的行业里创出了一片"大世界"！

攀高峰做高端

2017 年，中国紧固件市场全年销量是 760 万吨，总金额达 775 亿元，是全球第一大市场；而在生产上，中国紧固件也以近 700 万吨的产量成为全世界产量最大的国家。这个"第一"已经维持了很多年，国内早已习惯全球第一大紧固件制造国和第一大紧固件市场的地位，很少有人记得中国是何时登上全球第一名的宝座。

但尴尬的是，在进出口方面，2017年中国紧固件出口量为293万吨，价值为52亿美元；进口量是32万吨，价值为33亿美元。从单位价值来算，进出口价值差距很大。

邹传贵介绍说，这其中的原因就是产品和制造技术——中国进口以高端紧固件产品为主，属于暂不可替代产品；而出口却以中低端产品为主，可替代性非常强，尽管规模看起来很大，但产品附加值却远不如进口高端产品。

高端进口件的成本和利润比到底是一个什么情况呢？邹传贵说道，在很多年前，缸盖螺栓属于高端进口件，4S店里卖30元一个，但实际成本可能就不到10元，东风紧固件在实现国产化之后，单件售价只有2元—3元，现在更是降到2元以内。"国外企业有自己的产品技术专利，需要自行定价无可厚非，但对于想要使用该技术的中国企业，就十分不利。"

据介绍，进口高端紧固件产品多有专利保护或者特殊使用功能要求，国内企业为了高端产品的进口也付出了不小的代价。因此，在购买专利技术实现国产化的同时，国内掀起了技术创新的浪潮，通过国家标准化管理委员会、行业协会的支持和指导，行业企业自主创新方兴未艾，逐步建立起自己的创新机制，一大批企业取得了长足的进步，各大汽车厂商紧固件国产化的推进和大量申请的专利就是创新成果的体现。在这一过程中，东风专用件也紧跟时代潮流，锐意进取，取得了丰硕的成果。

目前来看，汽车行业是国内国产化方面做得比较好的行业，紧固件的国产化率接近百分之百。"我们目前主要是两方面工作：一个是把现有的东西做好质量和成本管控；另一方面就是跟踪行业，做相关的技术储备和产品研发。"邹传贵介绍，"我们预测汽车行业的变化并快速反应，做技术跟踪和产品开发，做到和主机厂同步开发，同步国产化。"

在技术研发方面，东风专用件制订了一个"CPT计划"，用于对行业的技术进行跟踪和研究。由跟踪数据再进行研究，研究到一定阶段就做产品样件，然后就是申请专利保护。专利保护完成后，东风专用件根据专门制订的"TNF计划"，统筹新产品的市场推广工作，逐渐将新产品向汽车生产厂商推广，成为市场化的商品，为公司长远发展做好规划。

"TNF计划"本身是围绕如何实现将产品做到质量更稳定、速度更快、效率更高、成本更低以及销量更大的目标制订的，其重点在于将目光对准未来市场，通过了解客户发展的趋势为技术积累提供依据，然后再开发市场并且跟进做项目，拿到订单并建立良好的客户关系，保证市场份额和收益提升。

兴技术促市场

从汽车紧固件行业来看，东风专用件并不是销售额最大的企业，但在目标追求上，是以国际领先、国内第一品牌作为事业目标，该公司不仅制定了逆向开发和正向开发流程，还在功能图、概念设计、设计确认、装配验证等一系列的产品开发技术模式上，建立了自己的流程，还按照IATF16949的要求，结合项目管理，建立了项目获取、概念设计、产品与过程设计、产品过程实现、初期流动与量产五大阶段的产品项目开发流程。

逆向开发就是在国产化初期，根据已有产品进行研发攻关，最终形成供货的一种模式。而正向开发正好相反，是根据主机厂功能要求和技术标准，在共同开发新车型的过程中，将其结构件的装备、尺寸、性能、力矩、转角以及张紧力等都先定义下来，之后再验证产品，双方共同合作，完成技术和样件认可，然后根据实验和相关反馈进一步修改定义，直至达到产品装配功能要求的开发模式。

据介绍，目前东风专用件的开发都是以正向开发为主，以逆向开发和来图加工模式为辅。主要运用的行业主流开发工具包括用于二维工程图设计的 AUTOCAD、用于三维设计的 CATIA 和 UG、用于工艺辅助设计的 CAPP、用于成型应力分析的 CAE 软件、用于产品数据管理系统的 PDM 以及用于产品全生命周期管理系统的 PLM 等等。

在新型开发工具的支持下，东风专用件在产品开发初期就能高效率地进行运作。"在初期就把大多数问题解决掉，这并非一件容易的事，在国内能做到这样的企业也不多，相较整个东风内部甚至于国内同行来看，我们也是走得比较早的。"邹传贵表示。东风专用件还在原有的基础上积极尝试新的厂校合作模式——与上海应用技术大学联合开展的 CAE 成型研究，通过模拟设立边界条件，在设计阶段采用模拟技术，先设定一个不变的条件再不断调试，在成型之前解决问题和变差，实际上相当于"先模拟后开发"。

东风专用件车间

这有助于开发速度快、成本较低、有竞争力的产品。

在产品生产出来后，并不意味着万事大吉，接下来任务会更加繁重——新产品需要经过包括碳硫分析仪、金像显微镜、电子拉力试验机、装配验证系统等全系列、全性能的数十种检测仪器的检测验证。这些验证涵盖了从材料化学成分验证、金相组织到机械性能的验证，也包含了从金属流线、螺纹折叠的验证，还包含从镀层厚度、中性盐雾及循环腐蚀试验到摩擦系数、拧紧性能以及清洁度的检测验证。

这些检测验证是在东风专用件的实验室进行的，该实验室是获得了 CNAS 认证的国家认证实验室，同时获得了 PSA 等客户的二方实验室认证，数据可以直接采用。

面对日新月异的市场需求，单一的研发与制作平台已经不能适应，对此东风专用件设置了包括自主创新平台、技术引进平台、内部协作平台以及对外合作平台在内的"四合一"研发平台。该公司还分别在 1997—2018 年先后获得 ISO9002、QS9000、ISO14001、ISO/TS16949、法国 UTAC 安全件资格证书、日产 ASES 以及 PSA 的 QSB+、IATF16949 等认证，体系认证和应用为公司的运作和发展提供了系统保证。

到目前为止，东风专用件共拥有专利 17 项，其中包括 2 项发明专利和 15 项实用新型专利。该公司还掌握了包括锁紧技术、耐热钢技术、防松技术和自排屑技术在内的产品技术；包括普通材料和耐热钢材料的材料技术；包括冷镦成型技术、耐热钢成型技术和自动压合制造技术等汽车紧固件制造的核心技术。

目前，东风专用件共有 200 多台（套）生产设备，年最大生产能力达 1.6 万吨，从功能图到三维建模、工程图纸、CAE 优化、样件制造、性能验证、模拟拧紧到最后的图纸定义，应有尽有，研发速度和质量提升明显，全工序生产入库周期最快仅 6 天，完全满足客户对产品开发速度和质量的要求。

另外，东风专用件还建立了可追溯性与防错技术，以全工序和批次信息系统为主检测产品制造，防止出错和及时纠错。公司提出了包括轻量化、新材料应用、革新工艺和结构优化设计的多方面的新要求，还提出了薄壁材料连接、不同材质材料紧固连接方式等研发课题，以寻求公司技术和市场上新的发展。

善规划赢未来

自 2008 年国际金融危机以来，东风专用件销售收入已经从当年的 3000 多万元，增长到 2017 年的 2.1 亿元。已经在市场上站稳了脚跟，实现了快速增长。乘用车领域拥有了包括神龙、广汽菲克、东风日产、长安 PSA、上汽通用五菱、东风风神、比亚迪、北汽、广汽、江淮等主要客户，商用车领域也拥有东风商用车、东风康明斯、福田康明斯等客户，客户群体不断扩大。

东风专用件尽管是东风下属公司，但客户并不限于东风汽车集团，在历年的销售收入中，东风以外市场的销售占到 70% 以上。邹传贵说，东风专用件在客户选择方面，需要考虑客户的规划、市场占有率和供货成本，还需要考虑汇率风险、产业政策、产能规划等多方面的因素，有选择地进入传统优势汽车企业、新能源汽车市场和全球汽车紧固件市场。目前，东风专用件已经和菲亚特克莱斯勒进行了全球项目的合作，通过多方进出口进入其亚洲和欧洲市场。国内开花国外香，这正是中国制造应有的魅力。

东风专用件每年都按照规定开展事业计划，做好市场、产品、技术、制造和人力资源等未来五年的规划。规划每五年一个周期，每年刷新，规划将指导年度的预算和公司经营管理。

东风专用件成长于汽车行业高速增长的时代，在激烈的市场竞争中脱颖而出，闯出了一片天地。今后，公司将进一步做好科学规划统筹市场、研发、质量等系统，外拓市场、内挖潜力，在新的平台上不断创新，再创新高度！

第十一篇
人本集团：一路踏歌一路行

杨红英

是什么让世界动起来的？也许我们刚听到这个问题，似乎很茫然，不知该如何作答。设想一下，如果汽车开不动了，如果机器设备都停止，这个世界会怎样？我们的生活又该如何？

是轴承，是它让世界动起来的，轴承虽然是一个零部件，但是发挥着至关重要的作用。是各类机械装备的重要基础零部件，它的精度、性能、寿命和可靠性对主机的精度、性能、寿命和可靠性起着决定性的作用。

20多年前，在中国改革开放的前沿阵地——浙江温州，有那么一家名不见经传的小企业，那就是人本集团。

破立并举　在坚守实业中韧性成长

1991年人本集团成立时，只是一家名不见经传的小企业。从温州轴承生产基地起步，4个原始股东1984年从国有企业辞职下海，温州人的创新能力名声在外，开拓进取意识植根于这片沃土和每个人的血液。越努力，越幸运。这句话对他们很适用。

1984—1990 年，他们在摸爬滚打中尝试做了很多产品，烘干机、干手器、灯罩等等，最后做得比较成功的是电子琴，甚至电子琴的键调音都是他们自己调制的。在永安百货、第一百货等大型商场都能见到他们做出来的电子琴产品，这也为他们日后乘风破浪的事业奠定了很好的基础，赚取了第一桶金。

由于电子琴行业和他们的个人风格不是很搭，于是决定尝试转型。经过调研之后发现轴承的进口量和出口量很大，进口的价格远远大于出口的价格。这更为转型找到了恰如其分的理由，同时，也是在为未来寻找精准合适的定位。

在确立了做轴承之后，当时技术、人才都没有，1991 年启用了 400 万元的原始基金创办了企业，当时全国已经有 500 多家轴承厂，可以说，人本集团正赶上了轴承市场蓝海的最后一拨。

创业初期举步维艰。那个阶段正赶上温州假冒伪劣产品盛行，在这样的社会背景下做高精度的轴承，要想取得客户信任，难度可想而知。但既然选择远方，哪怕任重道远也要砥砺前行。他们为自己确立了标杆，把日本精工作为行业标准，以此激励自己的轴承企业不断深耕壮大，拓展技术疆土。在上海等地投资建立了国内品种最全、规模最大的轿车轴承生产基地，并招商引资创建工业园区，其中产业园区里，诞生的第一个轴承工厂叫芜湖之忧轴承有限公司，第二个轴承工厂叫安徽之乐轴承有限公司。取此名的初衷来自"先天下之忧而忧，后天下之乐而乐"的胸怀天下的情怀。

模式独创　连锁小店直营衍生磅礴动力

作为基础性产业，轴承广泛应用于冶金、健身器材、矿山机械、医疗机械、粮食机械、造纸机械、农林机械和电梯等装备制造行业。由于应用领域分散，人本集团在销售方式上独辟蹊径，逐步形成了通过实行机电产品代理制和连锁专卖的运营方式，现已在全国各中心城市成立了 70 余家轴承营销公司及 128 家轴承专卖店，形成了轴承产品全国销售连锁网络，并在美国、日本和德国等地设有贸易公司，采用专业人员进行本地化运作，加快人本集团的国际化步伐。

据了解，1991 年之后，逐步开始布局轴承产业链消费端——建立连锁超市，以更好地服务轴承产业和安置职工家属就业。现有门店 1700 余家连锁店，连锁网辐射至温州、台州、杭州、金华、绍兴、丽水等地区，是浙江省规模最大、连锁门店最多、辐射面最广的连锁便利公司，是"中国连锁便利店十强"（第 8 位），也是杭州市下城区纳税百强企业。

直营连锁小店建立之后，随着产业不断发展融合，设备研发和改造能力也随之发展，开始生产与轴承配套的设备和零部件，而这些运营策略无疑是基于把这个产业链做完整的内生驱动力。而后逐步形成了轴承产品和配件的研发、试验、生产等完整的配套体系。生产轴承形成微、小、中、大和特大型产品规格系列，品种有深沟球轴承、调心球轴承、角接触轴

角接触球轴承

承、圆锥滚子轴承、圆柱滚子轴承和滚针轴承等。产品广泛应用于汽车、摩托车、家用电器、风力发电机、矿山机械等 40 多个领域。2018 年 1—3 月份轴承成品业实际销售 217330.5 万元，相比 2017 年同期 201000.5 万元，增长率为 8.12%。

目前，精密轴承等基础机械制造业已经成为国家"十三五"期间重点发展的行业，力争使其达到或接近国际先进水平。据有关部门分析，在政策的支持下，高端轴承铸造行业的销售额达到 2220 亿元左右。我国轴承产量有望超过 220 亿套，销售总额有望超过

3500亿元，成为全球最大的轴承生产和销售基地。每年新增的产能都比较大，只有不断地买地建工厂才能接纳新增的产能，以此建立有序的良性循环经济体系。

记者获悉，目前人本集团轴承主导产品为中高级轿车三代轮毂轴承单元、汽车水泵轴连轴承、汽车空调压缩机双列深沟球轴承、长寿命低噪音汽车圆锥滚子轴承、精密机床主轴轴承、冶金和纺织机械轴承等，以及轴承专用加工设备；产品成功配套通用汽车、福特汽车、大众汽车、日产汽车、格特拉格、麦格纳、博世、三菱电机等国内外知名企业，畅销世界30多个国家和地区。特别是定位高端轿车轴承，具有全系列轿车

汽车轮毂

轴承配套能力，主机市场平均占有率达到30%以上，产品能够覆盖轿车的动力系统、底盘系统、转向系统、电控系统等各个子系统所有大小专用汽车轴承需求。

锁定重心 深耕汽车轴承市场

21世纪初，随着国民经济的持续发展，带动了汽车工业的快速发展，但中国大量的汽车轴承，尤其是轿车轴承基本都被国外品

牌所垄断。据媒体报道，2017 年，汽车零部件累计进口金额约 370 亿美元，同比增长 7%。

按照"十三五"规划在中国汽车轴承产业的经济指标：汽车轴承主营业务收入年均递增 6%。其中，高端汽车轴承业务收入年均递增率被设定为 15%，低端汽车轴承业务收入年均递增率被设定为-2%。根据相关预测，中国汽车轴承产业生产低端轴承的低能低效企业会有 30% 退出市场。

哪里有市场，就往哪里去。作为国内轴承领军企业，人本集团管理层认为，中国轴承企业必须向上发展，逐步替代进口，才有出路。

然而想要替代进口却并不简单。就一辆销售价格在 20 万元以上的中级轿车而言，其所用到的核心轴承至少有 70% 以上仍是进口轴承，数量依然庞大。这意味着，要"替代进口"，自主轴承企业要做的还有很多。

作为国内唯一一家进入世界轴承前十排行榜的轴承企业，人本集团在成立之初便将"替代进口"列为企业战略，而在执行这一战略的过程中，他们也确定了自身的作战策略。首先，他们在上海投资建设了轴承成品生产基地，研发和生产汽车精密轴承。目前该公司已经拥有了"国家级企业技术中心"和"国家认可实验室"，并先后承担了国家"第三代轿车轮毂轴承单元"及"长寿命低噪音汽车圆锥滚子轴承"技改项目，以及国家"轿车用第三代轮毂轴承单元转型升级"强基工程项目，打破了高性能轿车轴承被国外技术垄断的局面。

其次，人本集团确定了从低往高的产品替代策略。上海人本集团有限公司董事长龙绍生表示，人本集体的战略始终是替代进口，一定要瞄准一些中高端的汽车。目前这一领域虽为国际大品牌所主导，但同样这些整车厂也会寻找新的供应商。只不过他们会从低端的产品开始先切入，之后再通过质量、技术、管理方面的比对，结合性价比、服务等方面优势，开展更高层次或更多区域产品的尝试。目前，人本集团在汽车领域的配套客户包括主机厂商以及零部件企业，据了解，通用、福特、大众等外资品牌以及国内外主要零部件企业基本都配套有人本集团的轴承产品。

同时，人本集团也采用了局部突破、逐步覆盖的战略。目前，人本集团在汽车发动机中的水泵和汽车空调压缩机中的离合器轴承排名全球第三、国内第一。他们希望今后类似这样的单项冠军会越来越多，先从局部突破，将部分产品的技术、质量、管理等方方面面做到接近国际水平，然后再拿到市场上与其同台竞技。截至2017年底，人本集团共拥有1038项专利，每年新申请专利数都要达到200多项，这在轴承行业是非常难得的成绩。目前人本集团的汽车轴承产业链比较全，除了不炼钢外，其他的生产制造环节都有所涉及。

随着新能源汽车产业快速发展，汽车轴承也将面临新的挑战。面对这一发展趋势，人本集团加快了在这一领域的投资，重点发展新能源汽车驱动电机。人本集团目前开发的新能源汽车驱动电机轴承，在高速性能、温升、漏脂、疲劳寿命等试验方面，技术水平达到国际先进水平。目前通过国内知名驱动电机主机客户市场应用和验证，新能源驱动电机轴承能够满足市场需求，已经得到了国内主机厂的批量订单，人本集团已经投资多条新能源汽车轴承生产线专线。

创新赋能　开拓发展赢得发展良机

持续的创新力是企业取之不尽的动力和发展的根本，但有时如逆水行舟，不进则退。

2018 年国家宏观经济环境较为严峻，投资、出口、消费三驾马车不同程度受到抑制，同时叠加结构性去杠杆等不利因素，使得投资增速下滑较快，市场需求放缓，资金流动性收紧，对实体经济提出严峻的考验。

具体到轴承行业，在美国公布的关税清单上，轴承产品被列入其中。人本集团在美国设有销售公司，2017 年出口美国的轴承在公司外贸中占比很高，如果贸易摩擦开始，对集团出口美国的轴承产品会产生较大影响。

不能忽视的是，受需求增速放缓影响，轴承市场竞争也越发激烈，各厂家为确保产销衔接，展开了价格竞争，并且逐渐从低端领域蔓延到中高端轴承产品。

还有新环保法的全面实施，不仅增加了考核指标，更是大幅收紧了排放量。面对严格的环保要求，企业生产经营压力进一步加大。

面对以上种种不利因素，人本集团要求上下树立"三种信念"、做好"三个措施"：

一是树立"竞争不同情弱者"的信念，解决心存侥幸、坐等机遇的问题。在人本集团管理层看来，贸易摩擦可能是一个危机，也可能是一个转机。人本集团必须通过结构调整和自主创新，发展一批高端产品，抢占一批高端市场；通过实施市场国际化、供应链国际化、资源国际化、企业布局国际化和高端人才国际化，进一步提升企业的核心竞争力，打造具有国际竞争能力的轴承集团。

二是树立"干毛巾也能拧出一滴水"的信念，解决管理上的大小漏洞。集团公司要随时掌握国家宏观经济政策的动态和产业导向，顺势而为从中找到自己的定位，要提高企业的装备水平和劳动生产率，降低人工成本，并通过企业转型、产业链整合、商业模式创新和技术创新来抵御"高成本"时代的来临。

三是树立"不创新就是等死"的信念，解决安于现状、不思进取的问题。人本集团大力实施技术改造和自主创新，以智能制造为主线，加快创新驱动转型升级。近几年人本集团加大投入，持续推进科技创新和智能制造。仅2017年一年，人本集团就开发新产品1521个，平均一天就开发4个；完成专利申请241件，平均每1天半就发明一项专利。与此同时，人本集团努力实施装备自动化、智能化，推进大数据和工业云计算技术的融合与应用，把企业自动化、信息化推向更高水平，达到质量最优化、成本最低化、效益最大化。

人本集团副总裁瞿韶贵说："做强做大企业是一场跋涉，走久了才知辛酸，才知艰难，才有坚韧，才有渴望。尽管前路荆棘满布，崎岖颠簸，但只要路是对的，就不怕路远。我们要用发展告诉别人，今天的中国企业，比昨天更强大；明天的中国企业，会比今天更强大。"

STEP®

第十二篇

新时达：用技术改变一个行业

陈　曦

"今天是上海新时达电气股份有限公司一个永载史册的日子。"站在镜头前的上海新时达电气股份有限公司（以下简称"新时达"）前董事长纪德法先生，身穿一身黑色西装，年近六旬的他面对电视采访镜头，脸上流露出抑制不住的激动。此刻正值 2010 年 12 月 24 日，深圳的大街小巷因为圣诞节的到来热闹异常，而在深圳证券交易所内，人们屏气凝息地等待着开市宝钟的敲响。那是新时达历史上里程碑的一刻——首次公开发行 A 股，在深交所成功上市。

从 1995 年成立到 2010 年上市，新时达花了 15 年，也是在这 15 年的时间里，新时达从一个 5 人的小公司，一跃成为中国电梯行业最大的电气控制系统配套供应商，同时业务扩展到了起重机、港机、供水设备、风机等工控领域。时至今日，仅仅过去 8 年，新时达又在一个新的热门领域异军突起……

变革中国电梯业

电梯行业是新时达的根据地和大本营，新时达的每一次发展都与技术革新有关，而每一次的技术革新都对中国电梯行业产生了至关重要的影响。新时达市场部经理张镇奎告诉记者："新时达很好辨认，只要电梯按钮能双击取消呼梯，那这部电梯使用的就是新时达的电梯控制系统。"而这套可取消按键的专利，就属于新时达老董事长纪德法。

纪德法出生在1951年，1985年考上山东工业大学研究生，学习工业自动化。1988年，纪德法来到上海，进入上海市轻建房屋设备厂工作。当时，上海的电梯技术落后，电梯故障时有发生，其中又以电梯门故障居高不下。热衷技术研发的纪德法自己捣鼓设计了一套电梯门自动装置系统，这套专利在当时的设备厂并不受重视，却为纪德法未来一生的发展埋下了伏笔。

1992年，邓小平南方谈话，确定了市场经济的地位，在邓小平"大胆地试，大胆地创"的鼓舞下，当时出现了一波声势浩大的"下海潮"，纪德法是那一批"吃螃蟹的人"之一。在同年，国家建委发布"限期淘汰继电器控制的电梯"的文件。42岁的纪德法辞职下海，以承包制的形式担任了上海浦东时达总经理。

1994年，纪德法抓住了第一个机遇——上海鲁班大楼电梯改造。时至今日，这次的旧电梯改造依然被人们津津乐道。根据《解放日报》的报道，鲁班大楼高24层，但电梯每天都会坏上好几次，人们甚至不敢下楼买菜。经过招标，纪德法团队与大楼物业签订楼内4部电梯的技术改造工程，为电梯更换了自主研发的电梯控制系统。经过这一役，纪德法得到了业界认可。

1995 年，纪德法集资与四人携手正式注册成立新时达，成为当时旧电梯改造的工程型公司。新时达第一个里程碑式的时间节点出现在 1998 年，新时达推出了第一代 SmartCom II 电梯串行控制系统。这套系统的研发对电梯行业来说，是一场变革——将中国电梯带入了计算机网络世界，逐渐代替当时普遍采用的 PLC 电梯控制技术，成为中国主流的电梯控制系统。同年，新时达被评为"上海市高新技术企业"。

研发这套系统实属偶然。1996 年，纪德法在美国参观电梯展览会上，看到一家美国公司展示了网络化的电梯控制系统，当即提出想做它的代理。然而美国公司以"产品还不成熟，不能推向市场"为由拒绝了纪德法。于是纪德法拍了几张照片带回国内，经过两年钻研，新时达自主研发的 SmartCom II 电梯串行控制系统面世。

新时达思义路厂房

这套系统得到了"世界四大电梯公司"之一德国蒂森克虏伯电梯公司的青睐。在 2000 年，两家公司开始正式合作，新时达成为蒂森克虏伯电梯公司的电梯控制板供应商。与世界著名公司合作带来了明显的带动效应，国内外电梯商纷至沓来寻求合作，新时达迅速打开市场。从 1999 年开始，新时达营业收入连年翻番，到 2003 年底就超过 1 亿元，新时达也从一个旧电梯改造的小公司，摇身一变成为电梯配套产品制造商，奠定了新时达在电梯行业控制系统的领先地位。有意思的是，在 2006 年美国电梯展览会上，新时达再次遇到了 10 年前的那家企业，当询问他们那款产品的进展时，那家公司的负责人无奈地摇头，说："现在还没有出来……"。

不过，这套电梯控制系统只是变革的开始。不久，新时达的科研团队就推出了自主研发的电梯变频器，改变了外资垄断电梯行业变频器的局面。这对于新时达来说，再一次迎来了里程碑式的一次跨越，成为国内少数同时拥有控制和驱动两大核心技术的企业。

电梯物联网

2015 年 7 月 26 日，湖北省荆州市安良百货手扶电梯发生事故，一名 30 岁女子因踩到松动的扶梯踏板，瞬间被吞没身亡；仅在 4 天后，杭州一名 22 岁女大学生被夹在住宅电梯中，不幸身亡……电梯的安全问题以这样一种悲壮的方式，再次进入人们的视线。

电梯能否安全运行，涉及乘梯人的生命安危。新时达市场部负责人张镇奎说："尽管电梯都有维保，但当电梯出现小问题时，维保需要花时间，带病运行的时候就是事故高发时段。"作为电梯行业中的资深玩家，这次，新时达结合"物联网"开始了一场"治未病"的变革。

新时达总部的办公大楼位于嘉定区南翔镇美裕路，作为电梯行业的领导者，大楼里的电梯代表着新时达最新的"科研成果"——装载了新时达研发的"星辰物联网"系统。电梯里最明显的标志，是左侧一块10英寸左右的电子屏幕。根据介绍，这块屏幕背后的"星辰物联网"系统可以对电梯各个部件实行24小时监控，一旦发现可能出现问题，就会立即向相关部门报告，"这是在没有生病之前就治病，大大提高了电梯的安全性。"张镇奎说。

此外，如果电梯发生事故，电梯里的电子屏幕将立即播放安抚视频和应急处理方式，防止被困电梯里的人因为惊慌出现抠电梯门、乱动等危险行为。而与此同时，这套系统将自动把电梯情况反馈到后台，以"就近原则"进行处理，响应时间在半小时内。在2015年，"星辰物联网"已经在全国3000多部电梯进行试点，张镇奎说："从去年开始，这套系统已经在全国开始推广，根据《中华人民共和国特种设备安全法》，今后这样的物联网智能系统将成为一个强制性操作。"这对于新时达来说，又意味着一个巨大的市场。

截至目前，新时达已经成为国内最大的电梯控制系统配套供应商，全国700多家电梯整机企业，其中有近500家使用新时达的控制系统。而新时达的电梯控制系统早已走出国门，是国内唯一为"全球排名前四"的电梯制造商——美国奥的斯、瑞士迅达、德国蒂森克虏伯、芬兰通力提供电梯控制系统的供应商。2000年，香港国际新时达集团有限公司成立；2003年，新时达在德国建立德国新时达子公司，形成海外销售网络，其产品出口全世界65个国家和地区。在未来，新时达的工作重点将逐渐从电梯配件制造商，转向以"电梯物联网"为基础的电梯方案解决服务方。

转型机器人制造

在 2013 年的汉诺威工业博览会上，德国政府正式提出"工业 4.0"的概念，以"智能制造"为主导的第四次工业革命兴起。紧随其后，中国开始实施制造强国战略，目标是在制造业数字化、网络化、智能化上取得进展。

制造业的未来是机器人的世界。2014 年，习近平总书记在两院院士大会上把机器人称作"制造业皇冠顶端的明珠"，认为"机器人革命"有望成为"第四次工业革命"的一个切入点和重要增长点，将影响全球制造业格局。中国掀起了一股机器人制造的热潮。

新时达美裕路厂房

事实上早在 2004 年，新时达就已经开始工业机器人立项，

2009 年，新时达正式开始了向工业机器人的转型之路。在当时的中国市场，机器人行业的核心技术被欧美、日本等国家垄断，中国 70% 的机器人依然依靠进口，国内没有一家公司可以独立生产出具有市场竞争力的产品。这样的市场现状一方面意味着挑战，同时也蕴含着机遇。新时达总裁蔡亮说："只要有本事真正服务客户，就能占据市场，成为龙头企业。"

依靠过去在核心驱动和控制系统等核心技术的积累，新时达的机器人研究进展迅速。2010 年，新时达生产出第一台机器人；在 2013 年，新时达向上海杰宝大王电动车业有限公司卖出了第一台机器人；2014 年被新时达称为真正意义上的"机器人元年"，这一年新时达销售了 327 台工业机器人。仅在一年后，新时达生产销售机器人超过了 3000 台，位列中国国内企业第一名，并成为国内极少数能覆盖机器人制造的关键零部件、本体、集成应用的全产业链的企业之一。

然而，不可忽略的现实是，虽然以新时达为代表的机器人制造企业迅速崛起，但并不能满足中国机器人需求的增长趋势，中国机器人市场仍然处于供不应求的状态。从 2009 年开始，世界机器人就进入快速发展时期，就算在全球金融危机的背景下，机器人制造依然出现逆势增长，全球增长率接近 30%，而中国工业机器人的年增长率更是保持在 50% 以上，从 2013 年起，中国就已经成为全球机器人的最大市场。随着中国技术的发展，国产机器人性能与国外厂商的差距正在逐步缩小，如何提高产能，降低成本也成了国产品牌必须解决的问题。

2017 年 8 月 17 日，新时达的机器人新工厂在上海嘉定区奠基开工，工厂占地 4.8 万平方米，建设完成后，新工厂的机器人年产量将达到 1 万台。两个月后，在东莞松山湖畔，新时达集团众为兴松山湖产业园奠基，建成后，园区也将实现 1 万台工业机器人的年产量。由此，新时达成为中国国内首家机器人规划年产超过 2 万台的企业。目标直指国家在《中国制造 2025》中提出的，在 2020 年，培育 2—3 家年产万台以上、规模达百亿元的机器人龙头企业。

2016 年新时达机器人的营业收入已经超过其电梯行业，2017 年占到企业收入的七成——新时达成为中国企业转型升级的成功典范。

一切从用户出发

目前，新时达已经同时掌握机器人的控制、驱动和本体设计等关键核心技术，成为中国机器人行业的领军企业。不过，国内机器人市场的竞争并不容客观。国际上的机器人"四大家族"瑞士 ABB、日本发那科公司、日本安川电机、德国库卡机器人占据了一半以上的市场份额。对此，新时达总裁蔡亮认为，追赶国际上已经成熟的核心科技，可能并不是中国短期内发展的最好途径，"就算你跑再大步，别人也在往前走，而且速度并不慢。"蔡亮说，颠覆性可能来源于"贴近客户需求，发展不同应用的技术路线"。这些应用的需求或许能给国产机器人品牌带来发展的巨大商机。

国际品牌的机器人存在大规模标准化的情况，工厂拿到机器人之后仍然需要进行改装，才能应用到生产线上。蔡亮说："我们根据客户的实际需求进行创新，能产生某些行业的特定机型，机器人就会被客户真正接受。"

在世界上最大代工厂"富士康"的工厂里，流水线昼夜运转

新时达机器人成品区

不停。拿到苹果新机设计图后，从开模、找零件、加工组装、交出样机，富士康最短只用了一天时间，成为苹果供应链上强大的一环。然而巨额组装量，也让富士康背上了"血汗工厂"之名，富士康计划引入更多的工业机器人，替代人力。这块"巨大的蛋糕"让国内外众多著名科技公司虎视眈眈，而新时达最终成为富士康的合作伙伴之一。

在参观富士康的流水线时，新时达发现富士康运用的大部分机器人都是"机器人＋螺丝刀"的模式，每次使用时必须进行装配、调试、连接线路，过程烦琐，时间耗费大。于是，新时达通过研发，将机器人与螺丝刀合二为一，变成一个完整的机器人。延伸到其他产业，这种"机器人结合工具"的应用，就会变成各种不同的针对大工业的装置，让原来的低标生产的东西变成非常标准化的应用，大大节约企业成本。蔡亮说："类似这种跟行业密切结合的新应用，不是说国外公司生产不出来，但国外公司的决策路线长，这或许就留了空间给国产机器人'突出重围'，打造国际一流的民族品牌。"

此外，使用门槛高，也是制约中国机器人发展的因素之一。新时达是国内少数拥有核心技术——软件系统的公司，其通过对软件进行优化，简化人机交互，形成了"傻瓜式机器人系统"，这也就意味着非专业技术人员也可以操作这套系统，能为企业节约一大笔聘请高技术人才的人力成本。目前，类似的软件系统已经应用到焊接设备、金属加工等领域。蔡亮说："在面对用户体验上，我们超过了很多竞争对手。"

培养一批亿万富翁

不管是做传统的电梯行业，还是工业机器人，从 1995 年成立至今，新时达历经数次革新，但是新时达的本质是没有变的，以产品研发、科技领先为宗旨，科技发展是一切的先决条件。2011—2017 年，新时达累计投入研发资金 7.2 亿元，在上海、北京、深圳和德国建立起研发中心，科研团队人数超过 700 人，占到了员工比例的 26%。

人才是科研创新的根本，从成立至今，新时达对技术人才给予了最大的尊重和重视。在新时达的发展历史上，有两件事情一直被新时达的员工奉为"企业文化蓝本"。1995 年现任新时达技术委员会副主任的王春祥从上海交大毕业，他将一纸"语气生硬"的求职信投到了新时达：月薪 2500 元以上，公司必须配置住房。纪德法与王春祥面谈之后，立即决定录用王春祥，并开出了 2700 元的"天价"工资，在当时，纪德法每月的工资只有 800 元。纪德法的魄力让王春祥工作至今，并且成为现在新时达的科技领军人物，享受国务院津贴。

而另一件事情，则发生在新时达总裁蔡亮身上。在蔡亮还是普通研发人员时，研发的电梯控制系统中的某器件出现了批次性问题，给公司造成了几十万元的损失，但蔡亮并没有受到责罚，相反纪德法在公开场合表示："研发是一个不断曲折向上的过程，难免会有纰漏，我愿意给员工交学费，这样员工才能有创新思维，才能学得更好、学得更精。"在这样的鼓励下，新时达内部逐渐形成了敢于创新的研究氛围。截至2017年，新时达已经拥有国家专利425项，其中发明专利108项。

"千万富翁不稀奇，要造就一批亿万富翁。"这是新时达承诺并践行的人才激励制度，通过股权激励、分红等方式，新时达将公司的红利转让给骨干人员，留住了一批高新技术人才。

尽管如此，蔡亮坦然："现在公司遇到的最大问题不是资金，不是管理，而是人才问题。"在中国，能够掌握机器人核心技术的高端人才都处于紧缺状态，如何把从事智能制造方面的专家引入公司，也成了新时达目前要解决的难题。

置信电气

刘志昊

上海置信电气股份有限公司（以下简称"置信电气"）是国内唯一一家专业化从事非晶合金变压器及相关产品的开发、生产及销售的龙头企业，是目前国内生产规模最大、技术水平最先进、产品规格和系列最丰富的非晶合金变压器生产企业。置信电气的产品在非晶合金变压器市场占有率达到80%左右，行业龙头地位稳固。

"市场上每卖出28万台非晶合金变压器，置信电气就占20万台"，置信电气副总经理邢峻如是说。置信电气是全国首家研发生产新型节能型非晶合金配电变压器的公司，以优异的节能性能，有效降低配网变压器节点的电能损耗。产品被广泛运用于国网、南网、各类工矿企业、居民小区、道路交通、市政建设、道路照明等各类配电网中，技术达到国际先进水平。

专注为王

"从 1997 年成立，置信电气就专注于非晶合金配电变压器业务，到今年已经有 21 个年头。"回顾置信电气的发展，邢峻说得最多的是"专注"二字。

何为非晶合金变压器，为何要发展非晶合金变压器？非晶合金变压器是当今世界上最节能的配电变压器。非晶合金变压器的铁芯材料由熔融状态下的合金以百万分之一秒的速度冷却后获得，形成其特殊的导磁性能，用其作为铁芯材料的变压器具有显著的节能效果。"非晶合金变压器相比传统的硅钢变压器，空载损耗要减少 80% 以上，也就是说，如果普通变压器空载损耗在电表走十圈的话，那么非晶合金变压器就只要走一圈半。"邢峻介绍。

国家发展改革委曾专门算过一笔账，如果全国都换上非晶合金变压器，则每年可节电 126 亿千瓦时，等于少建一座装机容量为 240 万千瓦的发电厂，少建 2 座石洞口发电厂或 8 座秦山核电站。非晶合金变压器被誉为"没有发电机的绿色发电厂"。"非晶合金变压器的推广应用符合国家产业政策和节能减排的要求。"邢峻如是说。

"非晶合金变压器产品符合变压器技术发展的趋势，具有良好的社会效益和经济效益，发展前景非常广阔。"邢峻表示，"在我们涉足这一领域之前，国内已经有一些大型变压器企业和研究所在研究，但是由于种种原因，一直未能实现产业化。"

早在"七五"计划期间，国内一些科研机构就开始采用国产非晶合金材料研制非晶合金变压器，但进展并不理想。

在当时，非晶合金变压器采用了新材料新技术，是一种新型的高新技术产品，处于变压器领域的技术前沿。非晶合金变压器采用的非晶合金材料是现代科技的结晶。由于非晶合金材料具有优越的导磁性，使得非晶合金变压器较传统变压器具有明显的节能、环保、运行稳定、安全性能高等众多优点。20世纪80年代，美国、日本、欧洲等国家和地区开始推广使用非晶合金变压器，目前市场份额仍在不断增加。

20世纪90年代中期，国内一些单位开始采用进口铁芯试制了部分小容量规格的非晶合金变压器，但普遍存在规格较简单、绝缘性能较低等问题，关键是制造成本过高、难以形成产业化优势。

置信电气的创始人徐锦鑫有一次到美国出差，偶然发现拉斯维加斯灯火通明但却没有看到变压器。"那时我们使用的变压器非常大，大到什么程度呢？就是相当于一间小房子。"邢峻诙谐地表示，

"徐（锦鑫）总是做房地产的，敏锐地预测到中国将来也会寸土寸金，希望把'小房子'变成'铁柜子'，节约用地！"

"回国以后，徐总开始试水非晶合金变压器。"邢峻回忆，"20世纪90年代改革开放如火如荼，我国的国际化步伐也越来越快，置信电气决定引进国际先进技术，毕竟这是一条捷径，在引进技术的基础上消化吸收，自主创新。"

回顾这段历史，邢峻也表示非常"偶然"，"1998年与美国通用电气公司签订引进技术协议后，组建了上海置信电气工业有限公司，我们的目标就是要生产世界一流的非晶合金变压器。"

邢峻介绍，之所以选择这条技术路线的原因有两点：第一，国内电网波动性较大，对产品承受突发短路能力的要求比较高，但美国通用电气公司对抗突发短路效果并不理想；第二，这种产品本来就存在一个先天不足的问题——噪声很大，而城网居民对噪声的要求很高，一类安静小区要在45分贝以下，但美国通用电气公司的技术都在60分贝以上，通过改进后，500KVA的变压器的噪声都控制在了45分贝以下。

"从美国通用电气公司引进非晶合金变压器的专有技术后，通过消化吸收，公司研制开发了国内第一台非晶合金干式变压器、非晶合金地下式路灯变压器和配电变压器以及自动化切换的非晶合金组合式变压器。"邢峻说，置信电气在吸收、消化基础上自主创新，按照中国电力使用标准，研发适应中国市场的各类非晶合金变压器。

事实正如预想，非晶合金变压器投入市场后立即获得认可，在短短两年时间，公司先后为10多个大型配电改造工程提供产品，公司销售额也节节攀升，置信电气的高成长性吸引了众多投资者。

2000 年，置信（集团）有限公司顺利完成了置信电气工业有限公司的产权结构调整，引进上海电力实业总公司、上海国有资产经营公司和上海石化企业发展有限公司等国有企业作为公司股东，并在此基础上将置信电气工业有限公司改制成为上海置信电气股份有限公司，使置信电气的股本结构多元化、经营管理规范化、投资决策科学化。

2003 年 9 月 18 日，经中国证监会批准，上海置信电气股份有限公司在上海证券交易所 A 股成功上市，"置信电气是股票发行核准制实施以来，第一家获准公开发行股票的上海民营企业"。邢峻对此也充满自豪。

成功上市的置信电气并没有满足现状，更没有满足现有技术，而是从中国的市场出发，从应用端开始，再次创新。通过不断创新，置信电气不但把变压器"大房子"变成"铁箱子"，还把"铁箱子"变得"隐形"，并从刚引进技术时的五六个品种，扩展到了两大系列、五大类。

创新立足

上市后的置信电气，已是国内规模最大的非晶合金变压器专业化生产企业，拥有国内最专业的非晶合金变压器生产设备、车间和技术人员，凭借雄厚的技术创新能力，领先的产品和全面的综合竞争优势，业绩稳步发展，在国内非晶合金变压器领域名列前茅，是我国变压器领域技术产业化的成功典范。

"产品技术领先、技术创新能力强是置信电气的核心竞争优势。"对上市后的置信电气，邢峻仍有清晰的认识，"只有通过对专有技术的消化、吸收和创新，技术起点高，技术优势显著才能立足市场，进而占有市场。"

"公司的技术优势不仅体现在（引进）技术先进，更主要是公司自主创新能力的强大。"邢峻进一步指出，在对引进技术消化吸收的同时，积极、大胆地进行原始创新和集成创新，形成并提升自身的核心竞争力。

置信电气在消化吸收美国通用电气公司先进技术的同时，大胆进行技术创新和设计优化，用自主创新专有技术，解决美国通用电气公司引进技术的不足以及设计不适合 YY 接线的难题；解决了铁芯制作磁路计算和夹件结构等方面的设计难点，自主开发编制了一套非晶合金变压器矩形线圈电动力数学模型的计算程序，优化改进了变压器器身的抗短路结构，并采用特殊工艺手段，控制非晶碎末影响产品性能和噪声。

"自主创新，人才是关键。"邢峻强调，"置信电气对科研力量和技术专家队伍建设的重视和投入是持续保持创新能力和技术优势不断提升的关键。"

置信电气新能源箱变

置信电气自成立以来就建立了研发设计中心，拥有一支梯队化的技术队伍，形成了金字塔式的专家级科研核心、技术化管理群体与专业化生产人员的技术构架，从而对现有产品和技术不断优化。强大的技术创新能力和雄厚的科研技术实力提供了丰富的产品储备，产品性能先进、规格齐全，成为公司可持续性增长的有力保障。

通过对研发中心机构和管理制度的完善及落实，提高和完善研发中心科技创新能力，做到管理制度严密、人员结构合理、研发方向明确、创新成绩显著，使研发中心成为推动企业技术进步的核心力量。

为进一步增加公司的核心竞争力，"公司的科研开发投入逐年增长，研发力度的加大将进一步提升产品创新和技术工艺创新能力，使得公司在业内继续保持技术领先，从而获得长久的生命力，以增强企业持续发展的潜力。"邢峻表示。

2013 年 1 月 18 日，按照国家电网公司战略部署，国网电力科学研究院（以下简称"国网电科院"）完成了与置信电气的重大资产重组，国网电科院股权占比 25.43%，成为公司第一大股东。

重组后，按照国网电科院的产业布局，置信电气适应形势，把握机遇，构建了公司战略发展规划体系，提出"努力成为国际低碳产业的领导者"的发展愿景。

2015 年，国网电科院向公司注入武汉南瑞有限责任公司（以下简称"武汉南瑞"）。公司通过内生、外延不断拓展新业务，逐渐形成智能电气设备、低碳节能、运维工程等三大业务板块。

"对武汉南瑞并购完成后，主营业务由传统的变压器制造向新材料一次设备和电网智能运维等上下游领域延伸，不仅增厚业绩，还提升了上下游产业协同效应。"邢峻表示，"而且，脱胎于科研院所的武汉南瑞，并入后为置信电气提供更为充足的技术和研发支持。"

"在巩固非晶合金变压器等传统市场业务的基础上，置信电气大力拓展节能服务和运维业务，在节能环保相关业务拓展上取得了重大突破。"邢峻介绍，重组之后的置信电气，确定了以智能电气设备产业为主体，以低碳节能产业和工程运维产业为两翼的"一体两翼"战略构想，并定位成国家电网公司节能产业的排头兵、国内中低压一次设备行业的排头兵、国网电科院工程与设备运维业务的排头兵。

"在'一体两翼'战略目标之下，主体定位低碳节能产业，打造低碳研究、碳交易、节能产品以及整个的低碳节能产业的链条，那么碳交易、低碳节能产业服务必然是产业链条中核心部分，支撑战略转型和发展。"邢峻表示。

低碳节能进行时

"作为国家电网公司碳资产管理平台，置信电气积极布局新兴碳资产业务领域，是国内唯一一家业内和市场认可的碳资产行业引领者，也是国内唯一连续两次在 2014 年利马、2015 年巴黎联合国气候变化大会上获得'今日变革进步奖'的企业。"邢峻颇为自豪地说。

"今日变革进步奖"由《联合国气候变化框架公约》秘书处等相关国际环保组织于 2011 年发起设立，后于 2014 年由中国低碳联盟、中国低碳减排专委会加入联办，并在联合国气候变化大会框架内逐步机制化、常规化。

2014 年 4 月 30 日，"独一无二的'碳指数'"——"置信碳指数"在上海环境能源交易所正式发布。

邢峻介绍，"置信电气的碳资产电网减排方法学研究居国际领先水平，置信碳指数为业内唯一标准指数。"

置信碳指数是一个衡量各试点碳市总体碳价的指标，它通过引入模型对碳市场的价格采用计算平均和后期修正结合的方式得出。目前已在上海环境能源交易所以及澳大利亚金融和能源交易所公布，这也为碳交易提供了量化参考依据。邢峻透露，置信电气将继续在数据的精准度上努力，并正在通过碳指数开发碳基金等其他产品，"未来不排除和碳交易所之间展开合作。"

除了能客观权威地反映国内碳市的总体涨跌情况之外，置信碳指数还能适应未来指数化投资的需求，降低碳交易市场参与者的投资风险，帮助他们在市场中稳定地获得收益，具有十分重要的意义。

虽然碳交易在欧美国家已经开展多年，但在国内毕竟是一件新鲜事物。碳交易市场是一个专业度较高的市场。对于碳市场的参与者来说，通过对市场的分析，得出碳市的走向是开展交易的前提。

对于为何进入碳交易市场，邢峻表示，"电力是参与碳排放的主要行业之一，电力企业在碳交易领域能发挥很大的作用。置信电气从 2013 年后开始真正涉足环保领域，从产品上介入节能环保，做碳资产，一是因为国家电网系统当中没有碳资产的咨询和交易单位；二是因为欧美碳资产交易也是能源配置的市场机制，碳资产公司相当于券商，公司可以做碳交易的一级市场和二级市场。"

国家电网公司在 2010 年发布了《国家电网公司绿色发展白皮书》，明确提出未来十年累计减排 105 亿吨二氧化碳的自主减排目标。南瑞集团有限公司也率先印发了《南瑞集团公司碳资产管理办法（试行）》，成为国家电网公司系统内第一个正式规范碳资产管理的集团企业。在国家电网公司大力推行低碳发展的背景下，置信电气于 2013 年 11 月正式成立上海置信碳资产管理有限公司。

"成立置信碳资产管理公司并发布碳指数，不但能扩大上市母公司置信电气的影响力，而且将有利于国家电网公司实现至 2020 年累计减排二氧化碳 105 亿吨的承诺，塑造国家电网公司'责任央企'的企业形象。"邢峻说。

邢峻介绍，置信碳指数在设计之初即考虑到了作为交易标的的可能性，根据交易产品特性做了优化。通过创新性的优化加权方式，置信碳指数避免了单个市场权重过大或过小的极端情况，具有良好的市场代表性，可以适应指数化投资的需求。通过指数化的投资，投资者可以低风险地分享低碳环保产业大发展的收益。

"我们正在努力改进置信碳指数的统计方法，当未来全国统一碳交易市场建成时，置信碳指数将对全国市场的整体走势作出科学宏观的描述。"邢峻说。

围绕碳交易，置信电气正致力于打造一条低碳产业链。

让智慧开启未来之门

"置信电气作为以一次设备制造为主的企业，一定要基于传统产业的拓展做好存量和增量业务，将产品、产业、事业做实，做到产品服务化、服务产品化。"谈及未来发展，邢峻表示，"要进一步明晰发展战略。坚持节能、低碳、绿色、智能的发展理念。"

邢峻表示，要以电工电气装备制造和综合能源服务为主线，构建节能、绿色、智能、循环的配电设备产业链；构建以智能运维与试验检测为主体的电网运维服务体系；构建以综合能源服务为主体的节能与工程服务体系；致力于成为国内配电装备、电网运维、试验检测领域的行业引领者和综合能源服务行业发展的重要贡献者。

"我们的主业还是非晶合金变压器，还要专注在这个细分领域，占领细分市场。"邢峻说，"我们还要下大力气提升变压器类产品设计与制造能力，严格把控产品设计、工艺、原材料供应等重要环节，确保产品质量，打赢'优选可溯源'分级分类攻坚战"。

"深入分析国家电网最新集中招标中的非晶合金变压器类产品，进一步完善配电设备产业链，推进相关新产品研发。"邢峻指出。

"这是一个'新'世界，产业融合新形态层出不穷。"邢峻也表示，"我们要探索产业发展新方向，以市场合作、合资经营、技术引进、外包授权等方式与外部研究机构、企业、院校开展战略合作，推动紧要项目快出成果、出好成果，助推企业加快转型。"

邢峻表示，置信电气目前已经到了紧要的关头，必须以壮士断腕的精神推进"瘦身健体"，以抓铁有痕的精神强化经营管理，才有可能重新焕发活力，实现可持续健康发展。

"服务于能源互联网，共建美好地球，是每个'置信人'内心深处的奋斗目标。"70后的邢峻豪情万丈，"面向未来，置信电气依托科技与市场双轮驱动，加快推进安全、健康、创新、国际化发展战略，向国际低碳产业领导者的目标奋进！"

第十四篇
上海沪工："稳"字当头成就行业龙头

秦　伟

上海沪工焊接集团股份有限公司（以下简称"上海沪工"），是一家集研发、生产、投资于一体的工业设备企业集团，集团业务覆盖焊接与切割、汽车机器人自动化、航天军工、商业卫星等多领域。2016年，公司在上海证券交易所主板挂牌上市，股票简称：上海沪工，股票代码：603131。

"上海沪工一直以'稳'作为主导，财务状况稳定，运作模式稳健，人员结构稳固，现在的上海沪工也一直传承'稳'，力求稳中求新。"上海沪工董事长舒宏瑞如是说。历经数十年的深耕细作、稳步发展，上海沪工已成为焊接设备行业的龙头企业，是行业协会理事长单位。公司产品远销全球上百个国家和地区。根据海关数据统计，公司产品年出口创汇量自2013年起连续居于焊接与切割设备行业第一。公司的多类重要产品曾先后被评为"国家重点新产品""上海市重点新产品"，并被列为"国家火炬计划重点项目"、"上海市火炬计划"项目、"上海市高新技术成果转化项目"。

立志打造百年企业

"一个国家没有强大的工业，想要富强是很困难的，工业是根本。"舒宏瑞对笔者谈起了他难忘的创业历程。40岁前，舒宏瑞当过国有企业的技术员、厂长。在国企工作多年的他，内心一直有着创业的梦想，为此，他毅然辞去了当时令人羡慕的工作来到上海创业。

凭借过去多年的企业经营管理经验，舒宏瑞选择了在国内制造业急需的工业焊接领域创业，他认为"只要是工业，就要用上焊接设备。焊接设备是现代工业重要的工艺装备，行业应用广泛。随着中国工业化程度的不断提高，焊接设备行业必然呈现快速发展的态势。"

上海沪工大门

回顾发展，舒宏瑞为我们解答了上海沪工快速发展的奥秘。

"国家一直在提倡可持续发展，其实打造百年企业就是一个可持续发展的过程。"舒宏瑞表示，"实现可持续发展是一个系统工程，有着丰富的内涵。上海沪工在实现持续、快速的发展中做了大量的工作。例如，建立紧贴市场、反应灵敏的经营机制；持续投入进行企业技术改造，更新和调整生产流水线，提升生产效率；提高产品品质；重视引进和培养人才，为企业的长久发展源源不断地输入后备力量；持续进行研发投入，加快产品开发和技术创新等。"

正是基于准确的预判与果断的决策，上海沪工实现了稳定而快速的发展。如今，通过数十年的积累，上海沪工已经成为全球行业内为数不多的具备全系列焊接设备生产能力的企业之一。

在优质产品的支撑下，公司多次被有关部委指定为特供单位，参与了国家会展中心、虹桥枢纽、世博场馆、奥运场馆、东海大桥、上海磁悬浮、上海迪士尼等重大工程建设。

"我的创业目标从来不是赚笔钱"，舒宏瑞向我们描述了他的愿景，"我的经营理念是'树百年企业'，目前我们已经在这个行业做了几十年，我希望将来能留下一个百年企业，在这个板块做到世界领先。"

专注主业，用心管理

"一家企业的发展定位非常重要，这不仅决定了企业的发展方向，更影响着企业的生死存亡。在外界'赚快钱、赚热钱'的氛围下，很多企业没能坚守住，转而去投资金融、房地产等行业。从短期看，可能会多赚点钱，但是从企业长远发展来说，我认为只有

'专注'才是企业长久生存的经营之道。"舒宏瑞的经营理念非常简单，"专注就是专心致志，不受外界的任何诱惑与干扰，对既定的方向和目标不离不弃，执着如一、不懈努力。"

舒宏瑞所说的"专注"不正是我们所提倡的"工匠精神"吗？

"历数各行业的龙头企业，都是专注于本行业的。"舒宏瑞接着说，"每家企业资金、精力、管理能力都是有限的，把有限的资源集中在一件事上，有可能把这件事做好；但如果同时做几件事，就有可能一件也做不好。只有专注于本业，企业才能长久发展。我们希望能够利用有限的资源把本业做好、做强，逐步强化企业的核心竞争力。"舒宏瑞是这样想的，上海沪工也是这样做的。

"企业要善于发挥自身特长，集中有限资源在产品价值链的增值环节上寻找突破口，不断增强企业的竞争优势。"舒宏瑞表示，同时要本着利益共享的"双赢"原则，积极参与国内及国际合作，善于从合作中寻找经济增长点。

由于专注本业，上海沪工已经成为行业龙头企业，也是国内焊接设备出口规模最大的企业。

出口并不仅仅是把产品卖到国外那么简单的事情，世界各地区对焊接与切割设备产品进口制定了严格的产品认证规范，企业产品要进入国际市场，需要通过相关进口地区的产品认证。典型的产品认证如 CE 认证、GS 认证以及 RoHS 指令等。企业取得并维护该类认证，需要较强的研发设计、质量保证、企业管理等综合能力，以及投入大量的精力和资金。迄今为止，上海沪工也是行业内通过认证最多、获得资质最全的企业之一。

如何拿到认证，做到第一？"用心管理！"舒宏瑞的话言简意赅。"产品质量是企业进入市场的'通行证'，产品质量也是企业品牌建设的基石。"舒宏瑞表示，"这些都需要我们用心管理。"

"在上海沪工发展的过程中，也面临过很多困难，但沪工人团结一心渡过了这些难关。"舒宏瑞表示，"一直以来，上海沪工在稳健中求发展，在发展中求创新。现在很多企业都提倡创新，但真正做到创新，需要作出很大的努力。我们的创新主要是管理理念、经营模式、人文文化上的创新。"

上海沪工在建设企业文化过程中坚持以人为本，加强人性化、制度化的企业文化建设，增强了员工对企业的凝聚力和向心力，把员工蕴藏的积极性、创造性充分调动出来，从而为企业的可持续发展提供了源源不竭的动力和坚实可靠的保证。

舒宏瑞说，企业文化建设是循序渐进的过程，它与企业品牌建设是相互依存、相互促进的关系，也是实现企业可持续发展的基础。

通过多年专注主业与用心管理，上海沪工打造出了国际知名的中国民族品牌。

稳健求发展，创新出成效

2009年9月9日，作为全国焊接与切割设备制造行业的排头企业之一，上海沪工正式成立了集团公司。

"上海沪工集团的成立不是别人做什么而学什么，更不是公司盲目扩张，而是根据发展需要，公司到了一定规模自然形成的一个集团。"对于成立集团公司，上海沪工总裁舒振宇介绍道。

按照战略规划，上海沪工将立足上海，放眼全国，走向世界，依托上海的区位优势，努力建设成为资产结构优化、管理模式科学、企业文化先进、核心竞争力突出的企业集团。

为实现上述战略规划，舒振宇表示，"上海沪工在定位上主要是从两方面入手：一是产品战略定位为中、高端路线；二是上海沪工的产品讲究货真价实，用料扎实，以此赢得良好的口碑。"

舒振宇进一步解释，"战术上，讲究赢利。目前，很多企业都存在无序竞争，同质化非常严重，导致利润非常低。一个企业拥有良好的、持续的赢利能力非常重要。"

上海沪工厂景

电价和成品油的价格不断飙升，无疑提高了企业的生产成本。利润锐减的情况下，企业若仅靠价格因素竞争，无利润甚至负利润销售，片面追求市场占有率，将会严重危及企业的生存，也会对全行业产生不利影响。

"所以，上海沪工现在讲究规模性增长，定位为中高端产品。"舒振宇表示，"要依靠我们强大的产品研发实力和完善的售后保障体系使得上海沪工在用户心中始终具有极高的美誉度。"

舒振宇同时表示："传统的售前、售中和售后服务已不能满足当前形势的要求，取而代之的将是从以产品为中心转为以客户为中心的全方位服务理念。从客户的根本利益出发，实现公司与客户的双赢。"

"创新驱动是现在制造业转型升级的主要推力。"舒振宇说，"创新是一个企业核心竞争力的直接体现。要加大对新产品研发的投入力度，改进产品的技术构成，积极调整产品结构，在满足普通用户需求的前提下，向高端、高效、高附加值，以及满足特殊用户需求的方向发展。不仅要做到创新的能力强、速度快，更要做到科技创新转化为现实生产力的能力强、速度快。"

上海沪工长期坚持技术创新，一直保持着强大的新品上市和产品迭代能力，进入 2018 年，上海沪工新品、精品更是接连面世。

焊机领域，上海沪工最新推出"智优"系列焊机产品。"智优"系列是全数字化焊机，内置专家数据库，全波形控制实现从大电流到小电流的精确控制，焊接性能更加优越。该系列拥有可拓展群控、专机接口，机器人数字接口，让智能制造更加容易实现。

上海沪工数控精细等离子切割设备配置全面升级，采用上海沪工自行研发的高速精密数控切割机床身，搭载 Hypertherm 先进的新一代 X-Definition 技术等离子电源，全面显著提升切割性能，能够在工

上海沪工车间

件切割作业中实现更精细、更高垂直度和光洁度的切割效果。

激光切割机是上海沪工的高精尖产品。基于在切割领域 60 年的经验，上海沪工研发设计生产的 HGLB 系列激光切割机，具有高精度、高效率、高可靠性等众多优点。

中国焊接的华丽转身

2017 年 9 月，在德国埃森焊接与切割展览会上，上海沪工参展的产品引起了巨大震动。一位德国同行用惊讶的语调说："我们只知道中国同行能生产普通型的产品，想不到上海沪工竟能拿出世界一流的全系列电焊机产品。"欧美同行甚至排着队上门与上海沪工焊接集团公司负责人洽谈业务。荷兰一位报社记者在采访了集团总裁舒振宇后，用"中国人来了"的醒目标题详细介绍"上海沪工"带给这次展会的影响。

2003 年，"沪工"品牌第一次走出国门到沙特参加焊接设备展会。虽然当年的上海沪工已经是国内焊接设备龙头企业，但也只能生产国内市场需求的通用型工业电焊机产品，国内厂商在特种焊接上都不强，焊接压力容器、航空航天等特殊要求的设备基本靠进口。"这次展会，成为上海沪工转型发展的一个契机。"舒振宇说。沙特展会虽然订单不多，但让沪工人第一次明白了与国际接轨的重要性，也看到了世界焊接技术的新潮流。

随后十几年，上海沪工引进了大量中高端管理人才和技术人才，在技术研发中持续投入，在生产管理上持续钻研精细化管理。功夫不负有心人，上海沪工的悉心付出获得了市场的认可，从行业内最早跨出国门的企业之一，逐步成为连续多年位于行业出口第一的企业。

2016 年，上海沪工在上海证券交易所主板市场挂牌上市后，实现"华丽转身"。不差钱的"上海沪工"为什么要上市呢？舒振宇说："上市是为了用更加严格的规定管理企业，可以利用资本平台实现企业并购，让企业实现跨越式发展。"

上市是公司发展的一个新起点。"上市不是最终目的，上市是为了公司更好更快地发展。"舒振宇表示，通过股票上市，一方面拓展融资渠道，加快主业发展；另一方面健全管理结构，提高管理运作水平。通过上市进一步增强实力，加快发展。现在的上市时机非常好，选择这个时机上市，使公司能够把握机遇，扩大公司生产规模，优化市场和产品结构，提高公司赢利能力和抗风险能力，并保持领先地位，确保长期可持续发展，同时给股东带来良好的回报。

"上市对企业提出更高的要求，也赋予了企业更大的活力，促使企业从内生式增长，扩展到外延式增长。"这是沪工人最大的体会。

随着国民经济的持续发展以及钢铁材料的消费量不断提升，更多的企业对焊接设备需求也呈上升的趋势。焊接设备在国内无论从产量构成还是技术发展方向上看，都正在向高效、自动化、智能型、节能、环保型的方向发展。焊接设备自动化取代传统人工焊接已经是大势所趋，那么焊接自动化行业在未来几年的发展方向在哪？成功上市的上海沪工的发展方向又是什么呢？

"一场新技术革命和新产业变革正在进行，'互联网＋大数据＋人工智能＋'的时代正在到来。"舒振宇表示，"可以说，智能制造是这个时代制造业的主题。"

2018年3月29日，上海沪工投资在江苏太仓的"沪工机器人智能装备产业基地"正式奠基。4月13日，"沪工机器人智能装备产业基地"在智能制造优秀企业和解决方案展上展出的机器人智能装备吸引了众多嘉宾的眼球，也得到了不少专家的好评。"柔性化高节拍流水线，不仅加工效率高、精度高，而且杜绝了加工中等待时间，实现了加工过程各工位的步调一致。"这是现场工作人员的介绍。

舒振宇表示："'沪工机器人智能装备产业基地'项目的实施将有效解决公司现有场地紧张、产能无法满足需求的问题，还将进一步提升我们整体装备和技术的先进性，推动产业升级和产业链的延伸，进一步巩固和扩大公司的竞争优势，提高综合竞争实力和整体赢利能力，为公司的健康和可持续发展提供有力的保障，符合公司的产业布局和发展战略，对促进公司长期稳定发展具有重要意义。"

"上海沪工以成为'中国领先的焊接与切割整体解决方案提供商'为目标，致力于推动焊接与切割行业技术升级、提升焊接与切割设备性能的稳定性，并为其未来的数字化和智能化发展提供更多研发与生产支持。"谈及未来设想，舒振宇依然传承着沪工一贯的"稳中求进"的风格，"公司将持续专注于智能装备的研发和生产，抓住中国经济持续发展、产业结构调整、技术升级所带来的发展契机，进一步扩大产能，提高产品的市场占有率。"

作为中国最大的焊接与切割设备研发和制造基地之一，上海沪工正蓄势待发，全面迎接智能装备制造业的发展契机。

第十五篇
诺玛液压：为中国液压只争朝夕

杨红英

2018 年，《科技日报》的总编刘亚东在中国科技会堂的科学传播沙龙上，发表的"除了那些核心技术，我们还缺什么"的即席演讲，很快传遍大江南北。他事后坦言，演讲的灵感来自报社 2018 年对"卡脖子"技术的一个系列报道，35 项"卡脖子"技术只是我国科技界短板工程的冰山一角。

刘亚东演讲的火爆跟"中兴事件"出现以及中美贸易摩擦的时代背景不无关系。实际上，两年前清华大学副校长、中国工程院院士尤政曾在公开场合表示：我国创新能力弱，部分关键核心技术缺失。中国作为"制造大国"的背后，难以掩饰核心零部件空心化的尴尬处境，特别是应用在多个领域的高端液压核心零部件生产，对很多产业来说可谓是"如鲠在喉"，成为锁喉之痛。

行动，从正视短板开始

2018 年 7 月 16 日，工信部部长苗圩在《求是》撰文《加强核心技术攻关　推动制造业高质量发展》，文章指出，新中国成立特别是改革开放以来，历经几代人的不懈努力，我国发展成为具有全球影响力的制造大国，基本解决了"有没有"的问题，现在亟须解决"好不好"的问题。我国制造业要真正走上高质量发展之路，必须扭住核心技术攻关这个"牛鼻子"，加快供给侧结构性改革，补短板、强弱项、填空白，持续推进技术创新和产业创新。

他提出，基础研究是引领创新发展的源头，是建设制造强国的原动力，在推动制造业高质量发展中发挥着基础性作用。尽管近年来，我国持续加大基础研究投入，但原始创新能力仍然薄弱，基础研究的短板依旧明显。其中，企业基础研究意愿低、投入少、能力弱是重要原因。基础研究能力和水平不高，导致制造业关键核心技术攻关动力不足、进展缓慢、效果欠佳。

在此前的 7 月 13 日，工信部副部长辛国斌在"2018 国家制造强国建设专家论坛"上也表示，一段时期以来，国内外评价中国制造业发展成就，往往扬长避短，片面夸大成绩。中国制造业创新力不强，核心技术短缺的局面尚未根本改变。同时中国制造业创新能力薄弱，对外依存度高，总体上仍处于全球产业链和价值链中低端。

自爆短板，正视痛点。辛国斌的此番言论不仅仅从权威角度诠释了我国关键技术薄弱，受制于人的现实，也再次表明了国家与政府要改变这种局面的决心。

　　苗圩在文中提到，进一步加强基础研究前瞻部署，推动不同领域创新要素有效对接。创新政府管理方式，引导技术能力突出的创新型领军企业加强基础研究。加大中央财政对基础研究的稳定支持力度，健全技术创新基金运行机制，引导地方、企业和社会力量增加基础研究投入。加强转制科研院所创新能力建设，引导更多有条件的院所聚焦科学前沿和应用基础研究，打造引领行业发展的原始创新高地。继续完善以创新质量和学术贡献为核心的分类评价机制，为从事基础研究的科研人员提供"一辈子只干一件事"的必要条件。

　　看到这些信息，上海诺玛液压系统有限公司（以下简称"诺玛液压"）董事长曹涌感慨万千，既是为自己十几年坚守高端液压阀的不易，也为国家政府对关键基础行业的正确定位和战略扶持。

误入,一入"阀门"无退路

谈起进入液压阀制造领域的缘由,曹涌坦言自己最初的动机和态度很有问题。原来早在 2001 年前后,他最早是做国外知名品牌高端液压阀产品的国内代理,该品牌也是这个细分领域的行业老大,其伺服阀在航空航天领域颇有盛名。

"那时候我们几乎不愁市场。"曹涌回忆说,短短三年他就积累下一笔不菲的资金,"账面上有近 2000 万的现金,还有几百万应收款项。要知道,那时候在上海浦西区买一幢 400 多平方米带泳池的别墅也才 400 万不到!"在记者打听该房产市值时,曹涌无奈表示在 2010 年误入液压阀制造之后没几年,因为需要筹措资金不得已变卖了别墅。

据曹涌介绍,在做代理几年后的 2004 年,上海某著名航天研究院一些退休专家找到他,希望一起将国外进口伺服阀国产化。"他们都是资深的技术专家,我当时有一个想当然的想法,误以为军工都能做出来,民品肯定没有问题。"

"后来我发现这个观念错得离谱,液压阀产品要做到万台级以上产量的可靠性、一致性,这是一个工业精密制造能力的综合体现。而我对于这一点的理解近乎门外汉。"

据悉,现在诺玛液压的某些批量生产产品不合格率控制在 ≤ 1.5‰ 数值内(万台级以上),与国际先进企业几乎可以比肩。

诺玛液压从一颗螺母都没有发展到现在的两个厂区、180 名员工、上亿元的销售规模。但回过头来看,曹涌不敢肯定自己如果一早知道要经历这么多曲折,是否还能坚持下来。"实在太难了,企业发展过程中好几次资金链都几乎断裂，生死攸关。"

曹涌戏言自己是属猫的，有九条命。2011年，他发现自己原有的积蓄全部花光了，"房子也卖了，身家都押上了，技术合伙人也撤离了，我陷入了进退维谷的两难境界。最终还是把心一横，反正缩头伸头都要挨一刀。"

"那时候我就提了一句口号，只有坚持才能改变中国液压，静下心来，调整好心态。"就在企业生死攸关的关键时刻，国家开始关注并鼓励发展核心关键零部件基础产业。上海市市、区领导相继来到诺玛液压进行调研，并给予了至关重要的支持和推动，使诺玛能够坚持下来。曹涌发自肺腑地说了一句"如果诺玛液压真的能成功，党和政府的功劳是第一位的"。

攻关，改变用户使用习惯

解决了生存问题后，上海诺玛液压在完善产品谱系的同时也开始攻关一些产业核心用户，希望能通过"样板工程"迅速扩大市场。

但要改变国内用户一直采用进口液压阀的固有习惯，这并非易事。据曹涌介绍，一开始他不能理解，为什么国产的做出来后，用户不愿意采用。"一开始我认为他们觉悟太低。但现在我理解了。"他说，"一台价值上亿的高端装备里面最核心的控制系统中的控制阀是设备最核心的核心部件。比如钢厂，一条热轧线动辄要几十个亿，一天24小时，生产几十吨钢板，对设备的可靠性要求很严苛。一旦关键部件损坏会造成难以估算的损失。因此企业根本不敢冒这个险，怕使用后出问题。"

"人家也很真诚，直接告诉我为什么不能用的两点原因：一是大型制造厂一般投资很大，配置的是重资产的成线高端设备，不允许任何差错；二是他们参观过国外先进液压阀供应商的工厂，了解他们的生产设备，而诺玛液压与之相比还有差距。"

　　必须要买高端精密加工设备，必须要有精密的测试及试验设备，没有资金，就卖身（稀释股份）引入投资机构，好在这时的曹涌已经有相当丰富的生活阅历。这让他从事液压生产更具有情怀，也更加富有激情了。

　　机会一定会垂青有准备的人。不久后，上海某钢厂因为一次意外的火灾，把关键阀给烧坏了，但原来的日本供货单位已经不生产此型号。整条线都抢修完成，只缺这个关键阀门。钢厂耽误不起，一天一条线的利润就是上千万。于是他们主动联系诺玛液压，希望尽快生产出一个同类型号产品出来。

　　曹涌表示："这种被需要的感觉太好了。我们在最短时间内拿出方案，做出一批产品提供给对方，并及时配套、稳定使用，使客户感受到诺玛液压原来具备很强的实力。"

　　通过这件事情，上海某钢厂也认识到诺玛液压的实力，他们把其他线上要用的阀门型号整理了一份清单给曹涌，方便他做研发为企业后续供货。"因为诺玛

诺玛液压产品图

液压的产品延展性很强，一个型号可以延展很多其他型号，这也是我们企业的核心技术，核心价值所在。"

从发生的这些事来看，曹涌感觉到自己的企业必须沉静下心来，脚踏实地把每一个产品做好，并且做到极致。"人家说'酒香不怕巷子深'，只要先把产品质量做好，满足用户需求，同时提高运营效率，就会有市场，带来利润。"

对于影响产品质量的因素，曹涌感叹道，影响阀性能最大的问题就是材料，国产材料的稳定性实在令人担忧。其次是检测手段也不完善。最后密封圈等也不过关。据悉，目前诺玛液压伺服阀的很多关键材料和部件，如铍青铜、反馈杆以及一些密封圈，全是通过不同渠道进口的，一旦禁止进口，自己的产品质量也难以保障。

对于原材料等基础性研究，他希望由国家出资，培养专门人员，组建非营利性机构，适度与市场保持距离，进行前瞻性开发。而对于诺玛液压的未来，他的愿望是逐步成长为全球领域内最具规模的电液伺服比例元件及集成供应商。

对标，世界一流电液伺服比例液压元件的制造商

曹涌表示，当前我国的液压元件行业产值只有700多个亿，然而它却支撑着近上万亿甚至更大规模的主机产业。由此可以看出，作为核心基础零部件之一的核心液压件，对于主机产品乃至整个产业的发展提升有着极其重要的作用。但发展了十几年，中国的核心液压技术依然受制于国外，这也造成了我国工程机械等高端产品的国际竞争力不强的局面。

面对我国在核心液压件技术与国外的差距，曹涌认为行业各企业都要沉下心来，将液压件质量实实在在地提升上来，企业必须创新、必须升级转型。因此，曹涌对公司员工提出要求，专注细节、务必精细。对于未来的发展，曹涌还提出在生产的各个环节都要尽可能做到自动化，包括生产自动化和检测自动化，同时还要实施数字化，使产品做到最大可靠性、一致性，顺应未来信息智能化的时代。

他同时非常谦虚地表示，自己其实做得还不够好，还没有到达被推荐采访的地步。曹涌认为自己还是应该再把心沉下来好好再苦干三五年，把公司做到一个非常出色的企业。"这是我的人生目标。"

坚持就有收获。目前诺玛液压主营各类电液伺服阀、电液比例阀、工程机械液压元件等产品，其中像负载敏感多路阀、电液伺服阀等均已达到行业前沿领先的水准。接下来，诺玛液压瞄准的主攻方向是工程机械挖掘机的核心液压元件，这也是目前中国需要攻关解决的替代进口的一个大问题。上海诺玛液压必须加快脚步，发挥团队集体智慧和能力，朝夕必争！

根据公司发展规划，目前诺玛液压已经确定 Radk-Tech 品牌要从国内一流逐渐定位为全球品质，改变依赖进口状态，以满足客户需求品质性能、及时售后服务和具有价格竞争力的工业用及军用电液伺服比例产品，并与欧美等同类公司分享中国市场和全球市场份额。

困则思变。面对核心零部件"封喉"高端制造的窘境，我国制造业企业都在不懈地进行探索实践。诺玛液压只是其中一个典型代表，作为一个民营企业，它早早将研发的方向瞄准核心零部件领域，"不积跬步，无以至千里；不积小流，无以成江海"。历经十几年的积淀，成功将产品逐渐配套在各工业应用领域、行走机械领域，满足一些影响国家战略安全的特殊应用领域所需的先进装备和主机行业。他们在各细分市场的液压领域中耕耘的同时，也将自己逐步培育成为肩负引领液压核心零部件产业发展的"隐形冠军"。

第十六篇

联泰科技：打开 3D 打印新维度

秦　伟

将设计概念造型和渲染，并经过专业的建模和设计，输入一台神奇的机器，然后就可以得到理想中的产品，成功实现产品的个性化定制和批量生产，这就是神奇的 3D 打印技术。

上海联泰科技股份有限公司（以下简称"联泰科技"）成立于 2000 年，是国内较早从事 3D 打印技术应用的企业之一。自创立 18 年以来，联泰科技开发的工业级立体光固化（SLA）3D 打印装备在竞争激烈的国内市场上取得领先地位，国内市场占有率超过 60%，在 3D 打印技术领域具有广泛的行业影响力和品牌知名度。

联泰科技拥有全球唯一一款针对鞋业的双激光头光固化 3D 打印设备，也已投入市场正式应用，将立体光固化 3D 打印设备提升至"新维度"，开辟 3D 打印设备在鞋业应用中的新纪元。"从汽车领域到航空航天，从家电行业到制鞋、医疗等领域，联泰科技的产品应用已经遍布工业制造和消费品生产多个方向。"联泰科技董事长邹波说。

十年蛰伏

"自 2000 年成立以来，联泰科技一直致力于工业级立体光固化 3D 打印设备的研发和销售，经过近十年的技术投入和市场耕耘，2010 年迎来 3D 打印风口，站在风口，我们把握住了机遇。"联泰科技董事长邹波为笔者介绍，"十年蛰伏，八年应时而上，成就了今天的联泰科技。"

1988 年，美国 3D System 公司推出第一台商业化的 3D 打印设备 SLA-250，标志着快速原型技术的诞生，迄今已有近 30 年的发展历程。"但随后的 20 多年里，3D 打印一直不温不火，处于小众状态。"邹波说，至于身在其中的各方从业者，有的坚持低头耕耘，有的则已放慢脚步开始犹疑，有的在坚持破局，有的或已萌生退意……

2010 年 11 月，美国 Jim Kor 团队打造出世界上第一辆由 3D 打印机打印而成的汽车 Urbee。"这是一个标志，因为汽车既是大众消费品，又是制造体系的集成与制造能力的体现，这意味着 3D 打印真正进入制造领域。"邹波继续说，"2012 年，英国《经济学人》杂志特别刊发了一篇关于 3D 打印的文章。"

2012 年 4 月 21 日出版的英国《经济学人》杂志，专题论述了当今全球范围内工业领域正在经历的新一轮工业革命，其中对 3D 打印技术做了重点介绍。"就像 1450 年的印刷术，1750 年的蒸汽机，1950 年的晶体管，3D 打印也将在漫长的时光里改变这个世界。"从此，3D 打印技术开始进入大众视野。

《经济学人》杂志如此描述，这也让 3D 打印站在风口上。

与所有的新兴产业一样，3D 打印技术刚刚从导入期步入成长期阶段，并无任何成熟的商业模式可借鉴，行业发展复杂多变，不确定性因素较多，看似漫天的"疑似机会"，但也对应地潜藏着巨大的商业风险。"当时关于 3D 打印的话题铺天盖地，'打'饭'打'房'打'自己，'打'车'打'肝'打'基地，万能的 3D 打印频繁曝光。"邹波当时心中也充满疑惑，"这一制造技术是否真如设想中那么美好？"

"我不认为 3D 打印是一项新技术。"邹波对于自己已经从事了 10 年的行业有着非常清醒的认识，"20 世纪 80 年代，3D 打印就已经出现，即增材制造技术，是将材料一次性熔聚成型的制造方式，与传统对原材料进行切削等的减材制造方法相反。"

3D 打印技术其实并不神秘，其实质上是一种数字化成型技术。与传统的等材成型和减材成型等技术相比，这是一种全新的无模自由成型技术，从理论上而言可以完成任意复杂形状三维实体零件的加工制造，高度的生产柔性是增材制造技术重要的特征之一。邹波解释："这种新型成型技术改变了传统的制造技术路线，是继 20 世纪 60 年代 NC（数控加工）技术之后制造领域的又一重大突破。"

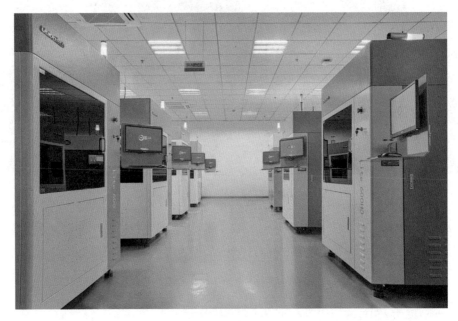

联泰科技工作间

"但是这一轮的 3D 打印有场景支持。过去制造场景是传统的工业时代，也就是我们所说的工业 1.0、工业 2.0。当时我们做了很长时间调研，发现制造场景正在发生变化，传统的工业时代在结束。大制造结束，'个性化'制造兴起。所以在大制造结束的时候，按需制造新形态有了成长土壤。"邹波对于市场的分析是基于对行业大背景的调研。

"3D 技术核心是数字化、智能化制造，它改变了通过对原材料进行切削、组装进行生产的加工模式，实现了随时随地、按需生产。在这个追求个性化的时代，3D 打印技术无疑为人们提供了捷径。"邹波对处在风口的 3D 打印的前景判断也非常明晰。

邹波介绍，"作为全球第一项 3D 打印技术，光固化技术过去30 年间在设备、材料和应用知识方面不断创新，是全球最普遍使用的增材制造技术之一。"然而，光固化技术即使在当时高度发展状态下仍湮没在各类新兴 3D 技术铺天盖地的新闻当中。

"庆幸我们坚持做下来了。"邹波表示，"联泰科技在成立之初就一直专注于光固化技术的研发，当这个风来的时候，我们采取的一些适当经营策略，抓住了这股风潮。也正是因为十年的蛰伏，才有后面八年的迎时而上。"

"一步一个脚印，没有什么捷径好走。"邹波对于成功的解释很简单。

技术永远走在行业最前端

2018 年阳春三月，联泰科技一台双激光头光固化设备从上海3D 打印产业园出发，进入中国三大鞋都之首的福建晋江市，继阿迪达斯之后，安踏正式引进联泰科技 3D 打印鞋模设备。

设计，是一双成品鞋诞生的第一步，是非常重要的一个环节，成品鞋的美观、舒适性和结构确认都在第一步设计验证中完成。"传统制造中，品牌商在把设计灵感转化为实体原型前，需要为工厂提供生产示意图和鞋底的金属模具。单这个过程就要花上一个月左右的时间，然后再生产出样品，通常也会经过数次的修改，每次修改都会重新生产出一个新的样品。一双鞋的最终版本需要大概一年的时间才能确定下来，然后再投入量产。"邹波介绍。

3D 打印技术在设计环节有着非常显著的优势，它可以忽略设计上的极度复杂结构、任意曲线中空造型以及咬花纹理，直接利用软件进行处理完成，输入打印设备，快速出样得到实物。邹波接着说："一个 3D 图档的输入到成品的输出只需要短短几个小时的时间，极大地加速了产品推陈出新的速度，有效提升企业市场核心竞争力，实现产品的个性化生产。"

"联泰科技自 2006 年开始进军鞋业市场，是国际上最早衔接鞋模行业的 3D 打印设备厂家之一，2014 年开始与国际著名鞋业品牌阿迪达斯、全球最大的鞋业制造商宝成国际集团建立长期稳固的合作关系，并快速推进面向鞋业专用的光固化 3D 打印设备。"邹波表示，"阿迪达斯对我们非常认可，在阿迪达斯整个亚太区的制造链里面引入 3D 打印技术，不仅降低了生产成本，而且环保节能。"

定位于"鞋业量产模具革新者"的"FM"系列 3D 打印设备，集结了联泰科技在鞋业应用的经验和技术优势，精准定位鞋业、物联网，精益生产。"联泰科技针对鞋模的特殊性，对该系列的参数进行智能优化。在设备稳定性控制方面，联泰科技采用了多项闭环控制算法，保证了机器工作中的稳定性和精确性。"邹波说。

"'FM 700'是全球唯一一款针对鞋业的双激光头的光固化 3D 打印设备。"邹波自豪地表示，经测试，"FM 700"14 小时就可以打印 12 只 42 码的鞋底模，平均效率达到 1.16 小时 1 只。且这款 3D 打印设备采用的是双激光头，高速可变光斑技术。在打印精度方面，可还原 0.06mm 细节的鞋底、侧花纹，得到棱角清晰的产品模型。

智能参数也是"FM 700"的一个突出亮点，自动标定、自动补液功能，结合联泰科技最新发布的 EPM 系统管理，实现无人值守又能实时监控设备工作状态，操作记录，可方便公司精益生产管理。

优秀的身体需要灵活的大脑控制。2016 年 1 月联泰科技的 EPM（能效与生产维护管理）云平台系统正式发布上线。EPM 打印管理系统是为了实现 3D 打印未来制造的多设备云控制平台。

针对鞋模产业规模化生产做到多台设备实时监控、管理、记录、储存，对订单进行批量智能化排产，实时监控生产过程，监控物料消耗，减少时间浪费，节约成本，提高效率，真正实现异地、多设备、无人值守打印和精益生产管控。

"支撑联泰科技不断前进的动力，首先是以技术创新为核心驱动力的经营理念。"邹波说，对技术精益求精，是联泰科技一直坚持的发展理念。企业研发的工业级光固化 3D 打印设备的精度和效率都很高，设备配置也在不断更新和完善。尤其是企业自主研发的 RSCON 控制系统，更是在不断地更新进步以适应市场新的要求。经过多年的研发和探索，公司在 2014 年成功推出了 RSCON V5.0 新版 3D 打印机控制软件。这意味着联泰科技旗下的所有 3D 打印设备在智能化、可视化、高效率三方面都得到了很大的提升，也表示联泰科技在 RSCON 控制系统上的技术向前跨越了很大一步。

"其次是人的力量，是他们在不断追求技术创新与突破。"邹波接着说，在联泰科技现有员工比例中，硕士以上学历占 25%，大部分员工都拥有丰富的 3D 打印设备及配套软件研发经验。截至 2017 年 12 月 31 日，联泰科技共有发明授权专利 7 项，已授权实用新型专利 24 项，授权外观专利 11 项，软件著作权 4 项。

"最后是我们的核心价值观——成就客户。"邹波说，从创立至今，联泰科技始终以客户需求为导向，根据客户的差异化需求提供专业的 3D 打印技术综合解决方案以及高质量的售前、售后服务。

　　经过长期的市场耕耘，联泰科技正以高度专业的技术与产品，为更多的客户提供优质的服务。

　　截至目前，联泰科技产品已出口至全球 20 多个国家与地区。联泰科技已实现在全球范围内供应专业的光固化 3D 打印综合解决方案。联泰科技自主研发的众多系列光固化 3D 打印设备，正获得越来越多来自全球的用户认可。

　　谈及未来如何"成就客户"，邹波表示，"当今光固化技术和设备功能已远远超出'光固化仅仅是成型解决方案'这一固有观念。"光固化技术制造零件具有较高的精度、精准度、光滑表面质量和高密度、所有轴的特性一致性、加工尺寸多样性以及相较其他增材制造技术能适用最多材料范围，使得光固化技术成为概念模型、成型、装配和功能原型零件应用最广泛的增材制造工艺。

　　"如何将光固化技术应用到更多的工业生产加工领域，满足各种特性化的要求，是未来联泰科技工作的重点。"邹波表示，"我们将继续在光固化技术领域不断前行，把光固化技术做大，做精，做好，成为真正的 3D 打印技术专家，为客户制定专业的 3D 打印技术综合解决方案。"

让诊疗更精准

　　根据全球医疗行业最新趋势，定制化医疗服务已成为整体医疗行业不可或缺的新元素。目前，"定制化"这一元素正渗透进医疗行业的各个环节，例如医疗教育与科学诊疗等。随着医疗行业日益增加的"定制化"需求，传统技术已无法满足医疗市场快速发展而带来的市场缺口。

联泰科技员工工作场景

面对这一现状，"3D 打印无疑是一种比较不错的技术选择。"邹波表示，由于医疗行业的特殊性质，医用 3D 打印对产品（如病例模型等）精度的要求极高。精准而又安全的病例模型、手术导板、内植物等产品不仅能够提高治愈率，还能大幅度地减少患者病痛，降低治疗成本。

"为了实现产品真实精确的细节要求，影为医疗科技（上海）有限公司（以下简称"影为医疗科技"）选择联泰科技作为其 3D 打印设备供应商，由联泰科技专业的光固化 3D 打印设备为其生产高标准的医用产品。"影为医疗科技一名负责人表示，影为医疗科技依旧遵循将 CT 扫描数据，通过计算机软件生成虚拟的三维模型，再将三维模型数据转化为 STL 3D 打印格式数据，最后打印出实物产品。

影为医疗科技 CEO 李建波表示，基于患者医学影像的三维模型和临床数据，过去几乎完全依靠医生经验的手术，将由精准的三维术前规划、个体化的手术导板和个体化植入物所取代，使目前不可控的手术结果变成标准化、可预测的手术，极大地减小了手术难度并提高手术精度，达到最优化手术的临床结果。

"凭借着联泰科技的 Lite 600HD 3D 打印机，影为医疗科技能生产出精度更高、质地更好的产品。"该负责人说，联泰科技的 Lite 600HD 3D 打印机拥有高端的硬件配置，值得一提的是，其内在的数据前处理及操作软件更为产品精度提供了持续稳定的保障。

联泰科技的 Lite 600HD 3D 打印机拥有 Magics link UnionTech 数据前处理软件和 UnionTech RSCON 操作软件。

Magics link UnionTech 的单独设立，不仅能大幅缓解 UnionTech RSCON 操作软件的运算负担，还能有效增强数据处理的精准性，从而提高产品打印精度。Magics link UnionTech 相比一般的 3D 打印数据前处理软件拥有更强大的数据处理功能，能更高效地生成支撑，同时也能提高切片精度。支撑导出和切片一步生成，添加支撑时间减少 90%，树脂消耗减少，尤其能处理普通切片模块无法处理的轻量化或纹理结构的大数据。

有了 Magics link UnionTech 为数据前处理提供保障，UnionTech RSCON 则能更高效地执行后续的打印操作。无论是对激光器和振镜所形成的光路，抑或是通过 PLC 程序进行管理的 Z 轴、刮刀、平衡块的运动、刮刀腔真空度、液位调整及树脂槽温控，UnionTech RSCON 均能实现精准、高效与稳定的总控。

在强大的数据前处理、操作软件及高配置硬件的协同作用下，联泰科技的 Lite 600HD 3D 打印机能不断为影为医疗科技提供精准、高效、稳定的打印保障。

"例如头盖骨等部位的医疗模型，用传统的生产方式耗时长，大致需要用 3 天的时间。"邹波说，但用联泰科技的设备打印生产类似的模型仅需 1 天。当紧急医疗状况出现时，大大提高了医生作出精准判断的速度，提升医疗效率。

为了更好地作出诊疗判断，医生需要对患者进行病状重现，例如骨折、颅骨内受伤等情况。"精确地打印重现受伤部位的血管、骨骼等组织，能较好地满足医生的判断需求，大幅降低患者二次手术的概率。"邹波接着介绍，人体的内部构造十分复杂，为清晰地了解人体状况，需要制作一些精准而复杂的身体部件。联泰科技的 3D 打印设备能很好地打印出几近真实的人体复杂部位，传统的方式则较难生产。

"联泰科技的 3D 打印设备是我们产品质量的有力保障。好的设备供应商，外加我们自身专业的产品生产与服务流程，塑造了我们在市场中的专业形象，提升了我们的综合竞争力。"影为医疗科技市场部工作人员如是说。

随着人们生活节奏的加快，大家对自己的健康状况倾注了前所未有的关注，随之而来的是人们对医疗服务所提出的更高的要求，而定制的人性化医疗服务则是满足人们医疗需求的有效途径。"联泰科技也坚信，3D 打印无疑是定制化医疗过程中不可或缺的重要组成部分，联泰科技也能以其市场领先的成本效益和优良的零件质量，促进医疗行业的创新和协作。"邹波笃定地说，"作为全球 3D 打印综合解决方案供应商，联泰科技将在未来继续为医疗市场提供更专业的 3D 打印服务。"

心怀美好谨慎前行

任何一个产业的发展，都有其内在的客观规律，由于媒体对3D打印技术过多程度的推波助澜，造成人们对3D打印市场不切实际的过高期望，市场整体已经呈现一定程度的"泡沫化"特征。

"我是这么理解3D打印的，我认为它更类似1995年的互联网。"邹波描述，"如同1995年的互联网一样，我们正处于裂谷当中，我们跨过这个裂谷，将迎来产业爆发。"

"这个裂谷是什么？是应用和材料。"邹波非常坦诚地表示，"3D打印就是增材制造，增材制造的核心是'材'，这也是指出了联泰科技的未来，我们的未来是在'材'方面要花更多力气。"

"如果在'材'的方面我们没有突破的话，应用就没地方。"邹波直言，"对于联泰科技来讲，我们抓住了上一个风口的尾巴，同时坐上了下一轮3D打印或者真材制造的新战车。在这个战车里面，我们能不能够抓住机会，实现转型，这是现在放在联泰科技面前更大的挑战。"

随着3D打印热潮的兴起，众多的社会力量和资源从各个途径涌入，一方面推动了3D打印技术的蓬勃发展，3D打印领域内的新材料、新技术、新装备、新工艺层出不穷，进入行业的玩家在数量和类型上都呈快速多样化发展。另一方面市场复杂度急剧提高，竞争格局变化加快、竞争强度加大，企业寻找一个能够支撑自身发展的细分市场将变得十分艰难。

面对当前竞争越来越激烈的市场，邹波也在寻求突破，"在这个阶段，进入企业应该首先要求得生存，再去考虑发展——有正确的心态，才能有正确的方法；我们可以适度地推波助澜，但切勿过度揠苗助长，要注重充分地利用市场机制来推动产业和自身的发展"。

此外，邹波认为行业标准非常有必要，对行业发展具有举足轻重的影响，"应该尽早地让行业标准落地"。邹波提出，特别是在工业制造业领域，如果缺少标准就会丧失市场竞争的公平性，每个厂商都会按照自己的标准去做，用户就会产生很多混乱的信息。

"值得欣喜的是，近一两年来我们已经注意到整个产业在逐步回归理性，大家都开始静下心来寻找自己合适的位置。"邹波说。

毋庸置疑的是，中国 3D 打印基础的体量是巨大的，这给 3D 打印从业者带来很好的发挥空间。从技术上来讲，3D 打印作为一个新兴产业，与国外的技术差距并非想象得那么大，"我觉得存在弯道超车的这种可能性，而且这种概率是非常大的。"

"制造业在转型，催生新的商业生态，包括新商业、新零售等等都在发生。"邹波说，基于消费升级和科技创新的第二波企业新形态正在呈现。对于 3D 打印企业来说，并不是仅仅呈现 3D 打印制造，装备制造只是一个抓手，最重要的东西是我们要做 3D 打印的运用实践和内容创新。"

"不要把 3D 打印看成一个包治百病的技术，它是未来制造技术形态里的一种。我们要'3D 打印 +'，现在'互联网 +'已经成为一个基本的东西，此外还有大数据 +，人工智能 +，物联网 +。"邹波对 3D 打印的未来有自己的描述，"3D 打印只是未来制造生态中的一环。"

"我们现在看到的 3D 打印一定不是未来的 3D 打印，因为一个产业的形成需要整个生态链的完善。"邹波展望，"3D 打印是我们建设制造强国的一个机遇与推手，而我们 3D 打印从业者的机会在于两点，一个是消费升级，另一个是科技创新。"

"当然，这需要大家一起脚踏实地，稳步推进中国 3D 打印产业发展。"邹波指出，"从业的企业应该将心态回归到一个比较平稳的状态，踏踏实实地推动产业往前走，而不要急于求成。"

"就是以技术为根本，以应用为导向，一步步地往前走。"邹波微笑着说，把我们自己的姿态放低，把信念加固，这才是我们从事这个 3D 打印行业真正应该有的心态。

"秉持开放、自由、平等的心态坚定向前。信念与使命似混沌中的一隙之光，那是梦想的起点，开拓的力量，未来的方向——这是联泰科技主题雕塑《一隙之光·使命》的诠释，谨以此与拼搏中的各位同行共勉。"采访的最后，邹波自勉，"我们要毫不动摇地继续放飞激情的梦想，但我们也更需要坚忍不拔地踏踏实实地走。"

第十七篇
汉瑞普泽：让拆包投料环节更清洁

黎光寿　廖　羽

　　袋装物料拆包投料在工业生产中是一个不太引人注目的环节。这个环节看似简单，但却容易产生粉尘并引发职业病或工伤、破坏环境，成为许多企业的噩梦。在难以解决粉尘问题的情况下，一些企业只能通过缩短岗位工作时间，频繁调换员工的方法，规避由于粉尘可能导致的重大问题。

　　尴尬的是，对于拆包投料环节，全世界就只有屈指可数的几家公司在关注并能提供整体解决方案，且多数企业属于产品单一、报价偏高并不愿意降价的企业。而汉瑞普泽粉粒体技术（上海）有限公司（以下简称"汉瑞普泽"）的崛起，让全球许多大型的工业企业找到了一站式解决方案与合作伙伴，有效地减轻了企业管理上的压力，保护了员工劳动健康与工作环境。

　　尽管至今只是一家年销售额 1 亿元左右的企业，但汉瑞普泽是一家有理想和有情怀的企业，坚持为真正有需求的客户提供服务，从而获得了 1000 家以上的国内外著名客户的支持。

专注拆包投料环节

固体散料一般是指结构松散的原材料和产品，在不同的行业中，固体散料的成分不同，有的属于易燃易爆物品，有的属于强腐蚀性物品，还有的会散发强烈刺激性的味道。在生产过程中，相关企业都被要求采用"密闭性生产"来保证安全问题；在输送方面，"可靠性运输"是固体散料运输业所追求的标准之一。

现代的工业企业中，尽管在生产过程中早已经解决了固体散料的"密闭性生产"问题，运输过程中也逐渐做到了"可靠性运输"，但许多企业在装卸、拆包和投料环节，仍然采取人工的方式，不仅耗费大量人力物力，也存在着安全隐患。

如何解决装卸、投料尤其是拆包的问题，就成了一些公司的着力点。2002 年创立的汉瑞普泽是少数在该领域获得成就的公司之一。

传统的拆包方式主要是人工拆包，然后通过皮带机、提升机送到投料口，但汉瑞普泽的解决方案是在投料口利用机械的方式打开包装，让包装和原料或添加剂分离，生产原料或添加剂进入生产流程，包装袋即时回收，这样就减轻了人工的消耗，减少了工伤的发生概率，还减少了环境污染。

2018 年 5 月下旬，在上海金山区汉瑞普泽宽大的生产车间里，记者看到了汉瑞普泽正在生产的投料设备，大小型号都不一样，但共同的特征是都有拆包机具。"过去原料输送前用人工拆包，不仅费工费时，还占用一大块地方，而且还危险，现在用我们的拆包投料设备以后，就可以用机器把原料包放到输送带上，直接在进料口拆包，十分安全，也节约人力物力和空间。"华中利这样介绍。华中利是汉瑞普泽的创始人，在公司担任监事，董事长是他的夫人岳文晰，是真正的"领导"。

早在 2014 年，汉瑞普泽就被评为"上海高新技术企业"，紧接着 2015 年通过"携手实现可持续发展——化学联盟"的 TFS 认证，2016 年被评为"上海专精特新企业""金山区科技小巨人企业"。

华中利告诉记者，在 2004 年，全球能同时从事固体散料输送和自动拆包投料的公司主要就是三家，除了汉瑞普泽之外，还有意大利的 WAM（威埃姆集团）、德国 SECO 两家公司，两家公司历史都比较悠久，产品线丰富。另外还有三家公司也在从事有关配套和生产，但产品线相对来说比较单一。

意大利 WAM 为世界上粉尘颗粒螺旋输送的技术权威和最大的

设备供应商，核心产品是螺旋给料器、除尘器、固体专用阀门；产品标准化生产，不接受定制产品。德国 SECO 始创于 1982 年，在散装固体、粉体物料处理领域，核心产品是全自动拆包机，以及用于混合或匀化处理重达 40 吨散装物料的气流混合器。而汉瑞普泽是两者的综合，还可以为有条件的客户提供定制服务。

受跨国企业追捧

汉瑞普泽今天的成功，是从征服一家跨国公司开始的。这家公司就是宝洁（P&G）。

创立于 1837 年的美国宝洁是世界上最著名的日化品生产企业之一，其生产原料是烷基苯磺酸钠和表面活性剂，如果长期与人体接触，会产生腐蚀作用。宝洁作为一家跨国公司，在生产原料的拆包环节，从建厂到 2004 年的 167 年里，也不得不一直采用人工作业。

人工作业给员工造成了身体上的伤害。2004 年，宝洁的墨西哥工厂，有员工通过法庭向宝洁提出了巨额索赔。这个官司让宝洁下定决心解决生产线上的自动拆包投料问题。于是全球寻找，发现只有三家公司在生产自动拆包设备。

这三家公司分别是德国 SECO、意大利 WAM 和中国上海的汉瑞普泽公司。德国 SECO 是生产工业用刀具的，意大利 WAM 是生产粉末活性炭投加系统的，汉瑞普泽正好整合了前两家的工序。当时的汉瑞普泽是一家刚刚成立两年的小公司，其生产的设备主要供应给石化企业。

尴尬的是，宝洁需要的洗衣粉自动拆包机，三家都还没有，但是都可以研发。"我们的技术与宝洁的需要最接近，价格也更实惠"，华中利说，宝洁找上门来之后，汉瑞普泽很快拿出技术方案和样品，宝洁很快确定了汉瑞普泽作为其开发自动拆包机的唯一供应商。

汉瑞普泽的新产品送到宝洁北京工厂后，减轻了手工拆包工人的负担，也减轻了宝洁公司在劳动保护上面临的严重压力。很快，宝洁在成都、伦敦等地的工厂陆续投用汉瑞普泽研发生产的自动拆包机，彻底解决了人工拆包投料而引起的劳动健康难题。迄今为止，汉瑞普泽已经为宝洁公司先后研发了3代全自动拆包机产品。若干年后，宝洁公司的最大竞争对手——联合利华公司也及时向汉瑞普泽公司采购了类似工况的自动拆包设备。

2014年，神华宁煤集团进行关键定量给料设备——旋转给料器全球招标。第一轮，两家知名德企成为神华目标合作对象的种子选手，但其最低报价均超过5000万元，远远超出了神华的预算价格。双方争执不下之时，在中国寰球工程公司的推荐下，汉瑞普泽进入了神华宁煤集团的选拔名单。

这一次的推荐至关重要。经过对汉瑞普泽业绩及资质等的全方位考察，发现其多项指标居于世界领先水平，神华宁煤集团最终决定让汉瑞普泽与两家全球知名德国企业同台PK，先后经过两轮竞标，最终拿下合同，为神华宁煤节约了一半以上的投资。到如今，华中利谈起这件事来仍旧充满自豪。

汉瑞普泽与美国宝洁、神华集团的合作，给其他企业树立了样板，巴斯夫、索尔维（SOLVAY）、3M、拜耳、杜邦、联合利华、益海嘉里、嘉吉集团、圣莱科特、霍尼韦尔等跨国公司很快成为其客户。在国内，中国节能、中国铁路、火炬能源、新能能源、烟台万华、新疆天业、云天化、安琪酵母、华东医药、海正制药、新奥集团、金田集团、永高股份、恒逸集团、恒力集团、浙江闰土等著名企业，也纷纷成为汉瑞普泽的客户。

迄今为止，汉瑞普泽已经在全球拥有 1000 多个著名企业客户，国际客户分布在美国、英国、土耳其、俄罗斯、印度、巴基斯坦、泰国、马来西亚、日本、新加坡、韩国等 15 个国家和地区。

从提供产品到提供服务

从创业至今，汉瑞普泽经历了几个不同的阶段，每一个阶段都是对自己的提升。

在创业初期，汉瑞普泽只是为石油化工企业提供固体散料的输送和投料单机设备业务，许多设备都是进口的，只需要把进口设备转卖给国内企业，就可以赚到钱。但 2004 年国家确定在化工、石油装备实行国产化之后，敏锐的汉瑞普泽迅速捕捉到市场机会，立即从生产零部件开始研究。

突破技术难关之后，汉瑞普泽进入了全新的设备研究和制造环节，随着核心技术的不断

用于神华宁煤 400 万吨煤炭液化项目旋转给料器安装现场照片

掌握，汉瑞普泽逐渐成为一家集拆包、投料、自送、称重、搅拌、混合以及包装为一体的系统集成公司，这不仅降低了成本，更重要的是保持了稳定的质量和供货，让自己的客户渐渐多了起来。

汉瑞普泽给客户提供的产品和服务主要分为产品制造与工程承包两个板块。产品制造就是直接向客户提供自己生产的产品。与德国 SECO、意大利 WAM 只做标准产品相比，汉瑞普泽除了标准产品外，更多的是定制产品，根据客户需要，设计和生产有关拆包、输送、投料等设备。

汉瑞普泽的完整订单流程是这样的：先是用户发送需求到公司，紧接着公司开展针对性的调查，通过电子邮件、微信等渠道与客户建立信息交流平台，并逐渐了解客户企业运作情况；在充分了解之后，汉瑞普泽就会开始定制一个初步方案，连同预算一起发送给用户；在双方都接受初步方案的基础上，再进行面对面的实地交流。

假如在沟通过程中双方都存在理解和表达障碍，汉瑞普泽便会直接派出工程师进行洽谈。工程师直接到用户现场去实地查看和交流，了解双方物料、物性、场地以及预算等的匹配度问题。在充分了解的情况下，再开始初步方案的制作。

"大部分合同在发货之前基本要求付款 70% 以上，这是基本的付款模式。第二个是合同上写明是定制合同，定制是不能退的。如果是一个不可控的项目，我宁可不做，或者在每一步都有一个违约条款，确定好付款时间以及违约比例。"华中利说。

而在工程承包板块，汉瑞普泽主要依托公司雄厚的工程技术实力，提供包括袋装物料全自动拆垛拆包系统、管链输送系统、除尘系统、称重配料系统、气流输送系统等五个系统的工程设计总承包。根据不同的项目，这五个系统既能独立存在，也可以组合。但现在有一个趋势，大型石化越来越少，小型或者新材料品种会越来越多，汉瑞普泽的发展模式也会越来越多样。

工程承包是汉瑞普泽在生产产品基础上的进一步升级。华中利介绍，在与客户沟通的过程中，他们发现部分客户对产品的需求有限，对市场认识不足，就以提供顾问服务的方式，为客户提供从输送到拆包投料的整体解决方案，"只要是生产型企业，只要来找到我们，我们都能为他提供一站式解决方案"。

由于汉瑞普泽对自己的高规格要求，使得许多甲方公司不担心汉瑞普泽弄虚作假。比如已经建立合作关系的宝洁公司，在成为汉瑞普泽客户之后，对与汉瑞普泽之间的合作非常放心，具体要求也只是涉及了与对手企业的保密工作、环保要求以及全球协议合同价格里的优惠程度这三方面。而对产品要求，宝洁公司没有提出任何意见或者其他准则。

汉瑞普泽以"三个中心，两个基本点"搭建组织架构，尤其以负责市场宣传和销售的营销中心以及包含设计部和工程部的工程技术研发中心为核心支撑点。在这样的建设之下，还分有三个委员会，其中包括管理绩效考核、安全生产、工程技术委员会，委员会外聘专家中包含的企业管理顾问、技术顾问以及法律顾问都是其业内相当资深的专业人士。有这样的专家来帮助汉瑞普泽，定期进行辅导或评审，对于汉瑞普泽的可持续发展具有积极影响。

只服务有真实需求的客户

"如果一个客户只认最低价格，他不讲品牌、技术、业绩，那他就不是我的客户"，华中利指着厂房自信地说道，"我们现在与客户洽谈，一定要求他们到我们工厂来参观，让他真实地看到并了解我们和其他企业的区别，我们胜出的概率就比较高。"

与客户做生意时，服务有真实需求的客户，是汉瑞普泽获得客户长期认可的法宝。

由于过去中国的环保督查不太严格，有些地方甚至流于形式，故而在环保设备领域做生意，是一件挺复杂的事儿。要在环保设备领域做生意，第一件事情就是甄别客户，要在众多来洽谈的企业中发现有真实需求的客户，从而建立长期合作，对自己的品牌会加分，反之就会砸烂自己的招牌。

华中利夫妇的梦想是让汉瑞普泽成为一家受人尊敬的高科技环保企业，不管是早期从事的固体散料设备供给，还是以工程设计承包为主营产品的现阶段。

华中利介绍，汉瑞普泽"并不是一家见钱眼开的企业"，从一开始对顾客都是有要求、有选择的，而不是什么钱都收，什么活儿都干。汉瑞普泽的筛选标准包括订单数量、企业规模以及企业价值文化三方面。一些订单只求价格低廉不求品质，一些企业实力不足但却下了很大的订单，都会被汉瑞普泽列入观察名单，经过判断不符合标准的订单，就会被直接放弃。

华中利解释，汉瑞普泽是一个以研发创新为宗旨的企业，扩大产能并不能为汉瑞普泽带来最大的收益，必须要保证体现品牌价值，适当的高利润，才能保证企业平稳顺利发展。

在市场拓展上，汉瑞普泽追求的是稳定客户不断增长的大订单——因为对每一个用户进行协商、管理、产品设计、研发、投入生产等整个流程走下来，所耗费的物质成本以及时间成本都十分巨大，所以与老顾客长期合作，更容易降低成本，增加效益。

为了保护自己的技术，为了对自己产品负责，汉瑞普泽一直坚持"价格靠产品说话"的原则，为不同客户的不同要求量身定制个性化的服务和产品，绝不"一案多用"。在这样的基础上，顾客信用、支付能力以及项目的特殊性等都会纳入汉瑞普泽是否与其合作的考虑因素范围内。

正因为汉瑞普泽采取的是与客户长期合作的模式，让客户也逐渐对该公司产生了依赖，这使汉瑞普泽在业务上逐渐获得了拓展——该公司在原来的产品模式基础上，逐渐向提供工程设计承包和施工转移，而部分产品也通过外购来解决，这又为汉瑞普泽的发展扩宽了进一步的空间。

汉瑞普泽的产品质量明显攀升，产品成本逐年下降，经济效益连年提高，公司销售收入和利税以每年 20% 的速度递增，公司预计 2018 年销售收入达到 1 亿元。目前汉瑞普泽已经拥有国内外 1000 多家客户，客户群庞大且订单大小不一，小至几万块，大的超过千万。在这样的基础上发展，汉瑞普泽离华中利的目标又近了一步。

机遇与挑战并存

2000 年以来，越来越多的大型企业重视员工身心健康和福利，甚至有的企业规定，公司内部搬动 10 公斤以上的重物，不能依靠人力，否则员工健康受损后有权索赔。而大公司在劳动保护和福利上的进步，对企业用于购买自动化、智能化生产机器预算的增加，会进一步利好汉瑞普泽这样的公司。

尽管从营业收入和利润规模来看，汉瑞普泽只是一家很小的企业，但在全自动拆垛拆包系统领域，汉瑞普泽却具有行业领导者地位，是管链输送系统、固体散料专业阀门行业的一流品牌公司。而"专注"和"精益求精"是汉瑞普泽的安身立命之本。

华中利介绍，汉瑞普泽目前拥有 5 项发明专利，22 项实用新型专利。其中全自动拆包机被列入 2009 年度科技部创新基金项目，旋转给料器被列入 2008 年度上海市高新技术成果转化项目。管链输送机获得第四届中国创新创业大赛优胜奖，全自动智能拆垛拆包系统获得 2017 年度金山区科学技术进步奖。

2014 年，汉瑞普泽建立自己的工程技术研发中心，先后与中国科学院山西煤气化研究所、安徽工业大学、中国石化工程建设有限公司、新能能源、金田集团、美国宝洁公司建立长期多形式科研合作，引进、培养各类专业技术人才，建立起高素质的科研开发队伍，为企业进一步腾飞奠定了基础。

在技术上，近期汉瑞普泽的主要研发方向集中于可清洗型小袋自动拆包系统、大袋全自动拆包投料系统的更专业化、精准化操作方面的研究。

而国内市场的发展，让汉瑞普泽有了更多的发挥空间。华中利介绍，来自跨国公司的份额由原来的 50% 下降到目前的 30%，之所以出现这样的变化，是因为国内大型民营企业的需求在增长，而国外的市场占有率并未发生较大变动。"但国内的市场不稳定，用流行的话说，今年东南风、明年西北风，看你能不能抓住这个机会。"

国内客户的增加让华中利看到了新的市场机会，但汉瑞普泽的市场营销策略属于传统的等客上门的"坐商"模式，其客户大多数是自己找上门的，汉瑞普泽不需要自己寻找用户，再加上汉瑞普泽将更多的精力放在研发和创新上，这让汉瑞普泽成为"业内无不知，业外无人晓"的企业。这种意识让企业在技术人员招聘上相当困难。

在这种"业内无不知，业外无人晓"的状态下，汉瑞普泽还面临着国内外知名企业以巨额利益诱惑的威胁。华中利介绍，国内外有多家知名企业向他提出，准备出高价投资他的公司，但条件是他交出控股权，他对此一直不为所动。"国内制造业的前景非常好，市场也非常广阔，最根本的是制造业坚守很难，我们需要对自己有信心。"

华中利介绍，在未来可期的时间里，汉瑞普泽将在稳定国际市场份额的基础上，以品牌战略、精细化专业化营销策略、技术创新和人才战略、信息化战略为支撑，在石油化工、医药食品、新材料、能源、新型农业与建材涂料等优势领域，继续采用积极的、进取式的市场营销战略予以深耕，形成行业＋区域的专业化营销网络，进一步扩大国内市场份额。

在采访结束的时候，华中利这样告诉记者："汉瑞普泽将继续在绿色环保、智能化、自动化粉体工程领域装备基础上，深度开发高新技术产品的系列化、个性化产品，为更多的国内外用户提供一站式解决方案与全生命周期管理服务，扩大工程设计总承包业务，专业专注、长期为全球用户服务。"

第十八篇

凯盛机器人：创新成就行业王者

秦　伟

自 2009 年以来，全球工业机器人年销量逐年增加。在人工成本持续上涨、"机器人换人"等因素的推动下，中国工业机器人市场在 2013 年开始快速发展。同年，中国超过日本，成为年购买机器人数量最多的国家，并一直蝉联全球第一大应用市场至今。

"机器人是集机械、电子、控制、计算机、传感器、人工智能等多学科先进技术于一体的现代制造业重要自动化装备。按照应用领域分为工业机器人、服务机器人和特种机器人。"中建材凯盛机器人（上海）有限公司（以下简称"凯盛机器人"）总经理陈坤介绍，"凯盛机器人属于工业机器人，产品和服务涉及机器视觉检测、机器人自动化装备及其集成应用工程，涵盖玻璃制造及深加工、光伏组件、自动化立体仓库等众多领域。"

在中国建材集团领导下，凯盛机器人践行"创新、绩效、和谐、责任"的企业文化，以创新为驱动，已经研发并推广的太阳能光伏

凯盛机器人工厂外景

玻璃智能化连线、光伏玻璃机器人下片铺纸系统、ITO 电子玻璃自动化连线等，取代了德国进口的电子玻璃视觉检测系统，第三代平板玻璃机器人分级堆垛系统等，在国内市场占有率平均超过 70%，让玻璃生产实现智能化。

正如中国建材股份总裁、凯盛科技集团董事长彭寿一直强调："创新是我们的源泉，创新是我们的动力，创新是我们的未来。"

抢占市场，创新驱动

21 世纪之初，中国房地产迅猛发展，建材业也随之快速发展，作为基础建材的玻璃，市场迅速扩大。

但彼时，"国内浮法玻璃生产线冷端的机器人技术被德国、意大利、以色列等国的机器人公司垄断，并对国内严格封锁相关技术，产品价格昂贵，国内只有大型玻璃生产商有实力装这些设备。"凯盛机器人总经理陈坤回忆。

玻璃生产劳动强度大，属劳动密集型行业，对人工的需求大还在其次，更重要的是，因为玻璃较重，人工操作时往往存在很大的安全隐患，在浮法玻璃生产线冷端尤甚。行业对工业机器人分级堆垛系统的需求极为迫切。但国外机器人公司却不单卖机器人，他们一般都将其和切割、堆垛、输送等设备打包出售，卖的是整个冷端的自动化生产线。结果不仅是价格高，产品适用局限性也比较大。

"所以，整个玻璃生产行业对工业机器人分级堆垛系统的需求在当时是如饥似渴的。"陈坤说，"很多中小玻璃生产企业生产线的冷端已经成型，不可能购买他们的所有设备，但他们也有着强烈的机器人生产需求。"

"看到这一市场空白后，埃蒙特公司决定向浮法玻璃机器人自动化集成系统的研发进军。"陈坤解释道，"成立于2003年的上海埃蒙特自动化系统有限公司（以下简称"埃蒙特公司"），是凯盛机器人公司的前身。"

这是国内最早从事浮法玻璃机器人自动化集成系统研发的团队。"最初的技术人员都来自与玻璃生产相关的企业和设计院，对于行业的生产工艺了解得比较清楚。"陈坤对成立之初技术团队的架构非常自信。

技术团队没有让人失望：2007年立项，2008年第一套浮法玻璃分级堆垛机器人就在武汉长利玻璃厂的生产线进行初步实验。"这是国内浮法玻璃生产线上，最早使用国内公司自主研发的分级堆垛机器人。"陈坤颇为骄傲地说。

凯盛机器人研发的工业机器人分级堆垛系统可完全替代进口产品，既可独立添加于原有产线自行工作，又可与中控或其他设备联合控制，还可控制第三方的生产设备，如清洗机、磨边机、钢化炉等，实现产能优化、匹配，生产效率的提高。陈坤对此非常自豪地说：我们"同时还拥有自己的一套智能监控系统，基本上可以实现生产过程中无人工操作，通过控制端的屏幕实时监测生产情况，显示生产参数，实现整条线生产的智能化、自动化，并为以后整个集团（厂）的信息化管理打下坚实的基础。"

2011 年，上海埃蒙特自动化系统有限公司被中国建材国际工程集团有限公司并购。如今，浮法玻璃生产冷端的自动化、智能化生产已经相当普遍。据陈坤介绍，凯盛机器人的浮法玻璃分级堆垛机器人在国内市场占有率已超过 75%。

深耕领域，创新为基

基于浮法玻璃生产方面多年的技术研发和积累，凯盛机器人不断拓宽市场，进一步占领玻璃生产行业的阵地。光伏玻璃自动化生产线是凯盛机器人进军的第二大垂直细分领域。

2009 年 7 月，财政部、科技部、国家能源局联合发布《关于实施金太阳示范工程的通知》，决定综合采取财政补助、科技支持和市场拉动方式，加快国内光伏发电的产业化和规模化发展。光伏产业迅速升温，步入市场的春天。

在太阳能光伏产业链中，核心高端的制造装备始终处于顶端位置。"随着国内光伏产业迅速发展，光伏玻璃自动化生产线的市场需求也逐渐增大。"陈坤说，凭借在浮法玻璃行业积累的经验与技术，埃蒙特公司迅速将目光瞄准了光伏玻璃自动化生产线的研发。"凯盛机器人先把'玻璃'做精，再把玻璃延伸的产业链如薄膜、晶硅太阳能电池、信息显示做强做优做细。"陈坤进一步解释。

发挥自身优势，结合市场需求，通过不断创新进行差异化竞争是凯盛机器人屡试不爽的策略。

2011 年，埃蒙特公司国内首创并在南玻集团应用了第一条在行业内具有颠覆性的光伏玻璃自动化生产连线。

"光伏玻璃的生产原来都是分段操作的，产能不匹配，上片、清洗、磨边、钢化、镀膜，这些工段都是相对独立的生产流程。这条自动化生产线的创新和突破就是以机器人为核心，把玻璃上片机、清洗机、磨边机、钢化炉等设备连接起来，以产能匹配为原则，通过'多线合一'、悬片、移载、仓储、检测、机器人下片、补片，将每个独立的工段连接成产能匹配、效率提高、高度智能化的一条生产线。"陈坤自信地介绍。

通过智能控制系统的运算，该自动化生产线可以智能控制实现玻璃与玻璃之间的合理间距，进行玻璃的移载、仓储、检测、下片、补片，以保证钢化炉的满负荷运行，实现最高生产效率。在连线多个钢化炉的其中一个维护检修时，还能实现连线间的相互切换，不影响产能。

在光伏玻璃生产领域，凯盛机器人自主研发的产品已成为占有率很高的产品。除南玻集团外，业内比较知名的太阳能光伏玻璃生产企业如亚玛顿集团有限公司、彩虹集团等也都有成功合作的案例。

中建材合肥新能源有限公司也采购了这条自动化生产线，据该公司总经理助理张家玉介绍，最初在采购时选用凯盛机器人的设备是因为它在业内的口碑和高性价比。

"工厂使用机器人以后，节省了大量人力，生产效果也比人可靠、稳定。现在的生产线上只是部分操作类和检验类的岗位是人工操作，其余工序已经没有人去接触玻璃了，大大降低了工人的劳动强度，提升了员工的安全性，改善了工厂的工作环境，产量也至少提升了25%。"张家玉说。

在光伏玻璃自动化、智能化生产的机器人集成系统市场，不断有同类企业加入，竞争非常激烈。作为最早进入这个领域的企业，凯盛机器人也需要不断通过技术升级来保持自身的优势和领先地位。

2014 年 8 月，因公司经营业绩下滑，中国建材国际工程公司全面接管公司经营管理，凯盛机器人公司董事长邢宝山提出了"三步走"战略发展目标："第一步"是实现销售收入过亿元，进入高速发展的黄金期，这一目标已在 2015 年实现；2017 年实现"第二步"目标，即在上海市松江区拿到凯盛机器人研发中心的建设用地；"第三步"战略发展目标是结合凯盛机器人研发中心大楼的投入使用，加速实现在市场中的更大的突破。

产业延伸，创新当先

随着工信部、发展改革委和财政部联合印发的《机器人产业发展规划 (2016—2020 年)》出台，近年来，在一系列政策支持下以及市场需求的拉动下，我国机器人产业快速发展。

2017 年，中国机器人产业整体规模超过 1200 亿元，同比增长 25.4%，增速保持全球第一。"我国工业机器人市场发展较快，约占全球市场份额的 1/3，已连续六年成为全球第一大应用市场。"中国电子学会最新发布的《中国机器人产业发展报告（2018)》指出，预计到 2020 年，国内市场规模将进一步扩大到 93.5 亿美元。

可见，我国的工业机器人应用还有很大的提升空间。"随着生产制造智能化改造升级，工业机器人市场将持续旺盛。"陈坤预测。

"工业机器人有着广阔的应用前景，但同时也是一个竞争激烈的市场。要想在这一领域守住阵地、开疆辟土，离不开技术的创新。"陈坤进一步分析说。

就凯盛机器人而言，陈坤表示："凯盛机器人首先要把以玻璃、水泥为代表的建材行业做透，然后以多种创新模式坚定不移地向新能源、智慧农业等新兴行业延伸。"

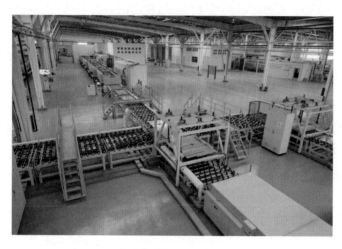

依托创新，凯盛机器人首先把触角延伸到电子玻璃生产线。其国内首创的 ITO 导电膜电子玻璃深加工自动化生产线在 2016 年 3

凯盛机器人工厂内景

月立项。仅仅半年后，首条自动化生产线在凯盛信息材料（洛阳）有限公司调试、运行，实现了 ITO 导电膜电子玻璃原片自动上料、去纸、切割、磨边、清洗、视觉检测、铺纸到成品的自动分级堆垛的全线自动控制和智能化无人值守。

ITO 导电膜玻璃可用于多种显示终端，主要有液晶显示器（LCD）、有机电致发光（OLED）显示器、触摸屏等。"ITO 导电膜玻璃的生产加工环境是百万级洁净室，由于生产工艺的限制，国内外对于 ITO 导电膜玻璃的加工生产线都是采用人工掰片、推送、检测和铺纸的方式，人工成本大、自动化程度低、操作不便，极难满足百万级洁净室要求。"回想研发初衷，陈坤话语里饱含诸多无奈与辛酸。

"从玻璃原片自动机械手上料、机器人去纸、全自动切割、全自动掰片，磨边、清洗、视觉检测、自动铺纸到成品的自动分级堆垛，实现全线自动控制，完成了 ITO 导电膜玻璃切磨线生产自动化技术的突破。"突破国际垄断与封锁，并超越国外竞争对手，亲历者的话语无疑充满自豪，"凯盛机器人在业内第一家完成了从人工到全自动生产，是当前国内首条，并超越了国外的技术水平。"

"机器人双机协作自动去纸上片，保护原片无伤害；全线连通自动切掰磨，去除人工干预对品质的影响，同时节省人力；机器视觉缺陷检测系统可在线检测，取代人工离线检测，提高效率和精度；在线自动铺纸下片设备，取代人工铺纸下片，节省人力的同时进一步减少人工操作带来的品质影响；智能集中控制系统使整条自动化生产线能有序运行，提高效率，方便管理；全自动精确掰片技术：提高效率、提高掰断精度至 ±0.5mm；降低掰断损伤率。"谈及首创的 ITO 导电膜电子玻璃深加工自动化生产线关键技术，陈坤更是如数家珍。

在产业延伸上，凯盛机器人不断继续扩大自己的领地。2017年 10 月，凯盛机器人与德国库卡工业联合研制的全球首套 300 兆瓦 CIGS 薄膜电池组件后端封装工艺段自动生产线在蚌埠投产，该生产线集成机器人、MES、DMC、视觉检测、激光打标等先进的自动化技术及装备，完成 CIGS 薄膜电池组件边部涂胶、层压膜自动切铺、合片、层压、缓存、等离子清洗、附件组装、打标、分拣堆垛等工序，全程无人化生产。此举标志着凯盛机器人正式进军高端薄膜太阳能电池组件生产线市场。

同期，为弥补国外厂商单方撕毁合同带来的设备短缺，凯盛机器人自主研发贴胶机和酸洗机，利用短短的两个月时间就完成了设计、制造、出厂调试、现场安装。经过国外专家和行业人士的严格测试验收，各项参数完全达到要求。打破该设备完全依赖进口的局面，并成为国内唯一 CIGS 薄膜电池工艺设备供应商。

除了玻璃生产行业，凯盛机器人还向五金、制药等轻工行业的自动化、智能化生产发起攻势，甚至在其生产基地建造了智能化立体仓库。

据陈坤介绍，2017 年凯盛机器人已经和欧洲门窗公司一起合作研发出相应的自动化解决方案，对欧洲门窗公司的五金件供应商的人工生产方式进行自动化和智能化的改造。

"五金行业也是可以大有作为的一个领域。门窗铰链、保险等部件由于涉及螺丝钉这样的许多小部件的组装，原来基本处于人工组装状态。"通过考察，陈坤发现虽然零部件小、种类多、组装步骤复杂，但是也有用机器人、自动化专业设备解决的可能。

凯盛机器人还进入药品生产领域，对药企的生产进行自动化改造。如与浙江刚玉智能科技有限公司合作的机器人药品进库码垛、分拣拆垛，为某知名上市药企公司实现了药品智能仓储的一个重要环节。

在产业延伸的同时，凯盛机器人并未忘记自己的主业，"凯盛机器人一直致力于使用工业机器人代替人工的解决方案的开发。"陈坤表示。

2018 年，凯盛机器人经过长期的市场调研，决定研发一条以机器人为核心的太阳能晶硅组件自动化生产线。经过凯盛机器人技术研发团队的半年努力，该生产线将于 2019 年在桐城浚鑫安装调试，与传统流水线相比，"凯盛机器人研发的流水线采用工业机器人替代传统专机设备和人工工位，提高设备稳定性和自动化水平，并引入工厂 AGV 物流和 MES 系统，打造智能化车间和数字化工厂，致力于铸就精品工程。"陈坤介绍。

正是创新，直接促成了市场业绩的不断提升。2014—2017 年，凯盛机器人的销售收入平均每年增长超过 60%，净利润平均每年增长超过 80%。

苦练内功，赶超国际

据陈坤介绍，与国内同行相比，凯盛机器人的优势在于：一方面对生产工艺更加了解和熟悉，所以凯盛机器人开发的软件、数据库、程序等更适用于国内某一行业的生产工艺，在一些细节上的考虑更接近现实的生产情况；另一方面，凯盛机器人也有自己的核心技术——机器人集成技术和机器视觉检测技术。这也是凯盛机器人近些年迅猛发展的主要原因。

当然，性价比高、售后服务及时也是用户决定选择国产机器人的重要因素。据合肥新能源总经理助理张家玉介绍，他们在使用国产集成系统特别是在前期安装的时候也曾遇到一些问题。"但是国产机器人的售后服务做得很好，能及时给我们解决问题。总的来说，国产品牌初期会有一些问题，但是现在已经很稳定了。国外产品性价比比较低，售后服务响应慢、成本高。"

然而，不可否认，工业机器人"四大家族"（ABB、发那科、安川、库卡）目前在国内工业机器人市场仍有较高的占有率。

"主要是他们在一些核心关键技术上的优势使得机器人的可靠性更强。但是进口机器人也有其劣势，如价格昂贵、备件及后续服务成本高等，国产机器人可以发力赶超的机会很多。"陈坤说，凯盛机器人正是将市场需求和自身优势相结合，找到自己的定位，在玻璃行业中取得骄人的业绩。

但他们并不满足于系统集成，开发出具有完全自主知识产权的产品一直是他们的梦想。

2017 年 4 月，凯盛机器人与上海交大联合研制的四轴重载机器人，可实现平板玻璃下片作业，可水平堆垛也可垂直堆垛，单机取片可抓 2440×3660×12 毫米、重量 300 公斤及以下的玻璃；双机联动可抓 4880×6000×12 毫米、重量 850 公斤及以下的玻璃，成本远低于进口的通用机器人。

视觉系统和软件控制系统的集成，相当于给机器人装上"眼睛"和"大脑"，而四轴重载机器人则具有完全自主知识产权。"我们的产品有比较低的成本、比较好的可操作性和应用的灵活性，在超大、超厚玻璃的搬运码垛及玻璃深加工行业将会有很好的应用前景。"陈坤告诉笔者。

持续的创新需要人才的支撑，目前凯盛机器人共有员工 80 余名，公司的技术中心拥有 50 多名工程师，其中硕士 10 名，教授级高级工程师 2 名，是公司的核心技术团队。2016 年，在松江区政府的大力支持下，凯盛机器人获得了上海市松江区研发中心用地的购置许可，凯盛机器人研发中心在建项目已成为上海市重点产业项目。

"面对激烈的市场竞争，我们必须通过持续不断的技术创新提高企业的竞争力，把企业做强、做优、做大，努力做一个有创新精神、有活力、有追求、践行集团企业文化的高新技术企业。"陈坤表示。

"我们的奋斗目标是做国内顶尖、国际一流的以机器人、机器视觉为核心的自动化系统全集成、一体化解决方案的集成商及新能源、新建材高端智能装备供应商，"陈坤笃定地说，"在中国建材集团的领导下，凯盛机器人将践行'创新、绩效、和谐、责任'的企业文化，倡导'敬畏、感恩、谦恭、得体'的行为准则，按照整合优化、提质增效，效益优先、效率优先的原则，落实早细精实，创新发展，以创新技术驱动'凯盛机器人制造'迈向'凯盛机器人创造'。"

策　　划：杨松岩

责任编辑：薛　晨

封面设计：石笑梦

图书在版编目（CIP）数据

寻找中国制造隐形冠军.上海卷.Ⅱ/魏志强，秦伟 主编.—北京：
　人民出版社，2019.5
　（寻找中国制造隐形冠军丛书）
ISBN 978－7－01－020541－0

I.①寻…　Ⅱ.①寻…　②魏…　③秦…　Ⅲ.①工业企业－介绍－上海
　Ⅳ.① F426.4

中国版本图书馆 CIP 数据核字（2019）第 049418 号

寻找中国制造隐形冠军（上海卷 Ⅱ）
XUNZHAO ZHONGGUO ZHIZAO YINXING GUANJUN（SHANGHAI JUAN Ⅱ）

国家制造强国建设战略咨询委员会　指导
寻找中国制造隐形冠军丛书编委会　编
魏志强　秦伟　主编

人 民 出 版 社 出版发行
（100706　北京市东城区隆福寺街 99 号）

北京盛通印刷股份有限公司印刷　新华书店经销

2019 年 5 月第 1 版　2019 年 5 月北京第 1 次印刷
开本：710 毫米 ×1000 毫米 1/16　印张：16
字数：185 千字

ISBN 978－7－01－020541－0　定价：68.00 元

邮购地址 100706　北京市东城区隆福寺街 99 号
人民东方图书销售中心　电话（010）65250042　65289539